쉽지가
생활화

일러두기
본문의 성경 구절은 대한성서공회의 개역개정판을 따라 표기했습니다.

십자가 생활화

이선세

1

토브원형출판사

목차

펴내는 글 · 6

십자가
생활화는

1. 십자가 생활화는 **하나님의 큰 능력이다!** · 13
2. 십자가 생활화는 **비정상을 정상화시킨다!** · 29
3. 십자가 생활화는 **상태다!** · 45
4. 십자가 생활화는 **영의식이다!** · 57
5. 십자가 생활화는 **차원 다른 하루다!** · 71

십자가
생활화가

6. 십자가 생활화가 **마음을 지혜롭게 한다!** · 89
7. 십자가 생활화가 **왜 복음인가?** · 105
8. 십자가 생활화가 **임의대로 살지 못하게 한다!** · 117
9. 십자가 생활화가 **영적 전쟁을 이기게 한다!** · 133
10. 십자가 생활화가 **교회답게 한다!** · 149

십자가
생활화로

11. 십자가 생활화로 **불 칼을 넘어라!** · 169
12. 십자가 생활화로 **종노릇을 끝장내라!** · 185
13. 십자가 생활화로 **삶을 풀어내라!** · 201
14. 십자가 생활화로 **수고가 헛되지 않게 하라!** · 225
15. 십자가 생활화로 **생의 갈증을 깨뜨린다!** · 243

펴내는 글

들려오는 이야기들..
들은 그 이야기의 진위 여부에 자꾸 관심이 간다.
그리고 그 말에 반응하는 우리네의 여러 표정들을 본다.
들려오는 이야기들을 개인적인 상황과 성향의 빛깔에 따라 흥분하고, 분노하고, 낙심하고, 기대하고, 웃고, 기뻐하고...

그 말이 진실이라고 믿는 것이 아니고 다만 들은 말에 직접적으로 반응하는 모습들이다. 자신과 크게 상관이 없으면 그 말을 또 다른 영역으로 확대 재생산한다. 자신과 자신의 영역에 관계된 일이면 방어에 골똘하고, 공격에 치밀하고, 스스로 능력을 과시라도 하듯 조용하고도 급하게 반응한다. 우아한 백조의 발이 물밑에서는 요란하듯 겉은 침착해도 속은 참 시끄럽다.

지금 내가 보이는 이 반응들은 진실일까?

어떠한 기준으로 바르다고 말하는 것일까? 나를 살리고, 각자가 속한 공동체를 세우는 하늘 생명의 실제 된 반응일까? 내가 보기에 바르다고 생각하는 방식에 따라 판단하고 행동하여 필경 사망에 이르는 어리석음은 아닐까? 지금 나에게 들려오는 수많은 이야기들의 참뜻을 바르게 헤아리고 싶다.

하지만 문제는 바르게 헤아리고 싶어도 들려오는 그 말들과 크고 작은 사건에 직접적으로 반응하도록 달려가는 마음을 멈추어 세울 수가 없다. 실패하면, 시끄러워지면, 문제가 되면 어떻게 해야 할지 발 빠르게 머리가 달려가고, 몸이 달려가고, 마음이 달려간다. 스스로 바르게 판단하려고 기를 쓰며 이 상황과 난관을 돌파하려고 머리가 움직이고 손과 발이 움직이고 마음이 움직인다. 그 일이 크면 클수록 달려가는 마음은 더더욱 멈추게 할 수 없다.

어떻게 해야 하는가?
십자가 생활화다!

그렇게 반응하는 내가 십자가에서 주인님과 지금 포개어 있는가 확인해야 한다.

십자가 생활화는 의례적인 구호가 아니다. 일상에서 마주하는 수많은 사건과 상황들을 천상의 눈으로 헤아릴 수 있는 하늘 생명이며, 모든 사건과 들려오는 이야기들이 무엇이든 상관없이 적극적으로 나를 부르시고 만나고자 하시는 하나님의 섭리임을 깨닫게 한다. 아담이 창조되었을 때, 맨 처음 하나님을 본 것처럼 모든 상황과 사건에 하나님께 첫 번째로 반응하게 하는 하늘 생명이다. (갈 6:14)

십자가 생활화는 사건과 상황, 들려오는 말에 먼저 반응하는 것이 아니다. 하나님께서 지금 그 일을 통하여 나를 부르시고 있음을 뚜렷하게 각인시킨다. 들려오는 이야기가 짙어지면 짙어질수록, 그 일이 커지면 커질수록 십자가 생활화로 하나님께 먼저 반응해야 한다. (고후 4:10)

확인하고 싶었다.
사랑하는 이들과 함께 일상에서 십자가가 주님으로 살게 하고 반응하는지 보고 싶었다.

예수님과 함께 십자가에서 죽은 사실이 실제 되어 주님의 마음이 흘러가는 삶들을 보고 싶었다.

낙타가 바늘귀를 통과할 수 있게 하는 하나님의 능력(마 19:24-25)인 십자가 생활화가 실제 된 이들과 함께 하나님의 마음을 노래하고 싶었다.

우리 함께 십자가 생활화로 넉넉히 사랑하는 복 누리며 살자.

2023. 6. 20.
예수님과 함께 머무는 제주 하도리에서
이선세 목사

십자가
생활화는

1. 십자가 생활화는 **하나님의 큰 능력이다!** 고후 4:7-12
2. 십자가 생활화는 **비정상을 정상화시킨다!** 눅 12:13-21
3. 십자가 생활화는 **상태다!** 아 6:1-3
4. 십자가 생활화는 **영의식이다!** 히 11:6
5. 십자가 생활화는 **차원 다른 하루다!** 창 1:5,8,13,19,23,31

고린도후서 4:7-12

7 우리가 이 보배를 질그릇에 가졌으니 이는 심히 큰 능력은 하나님께 있고 우리에게 있지 아니함을 알게 하려 함이라 8 우리가 사방으로 욱여쌈을 당하여도 싸이지 아니하며 답답한 일을 당하여도 낙심하지 아니하며 9 박해를 받아도 버린 바 되지 아니하며 거꾸러뜨림을 당하여도 망하지 아니하고 10 우리가 항상 예수의 죽음을 몸에 짊어짐은 예수의 생명이 또한 우리 몸에 나타나게 하려 함이라 11 우리 살아 있는 자가 항상 예수를 위하여 죽음에 넘겨짐은 예수의 생명이 또한 우리 죽을 육체에 나타나게 하려 함이라 12 그런즉 사망은 우리 안에서 역사하고 생명은 너희 안에서 역사하느니라

1

십자가 생활화는
하나님의 큰 능력이다!

고린도후서 4:7-12

십자가의 생활화가 왜 하나님의 큰 능력이 되는지 깨닫게 하는 것이 오늘 설교의 목적입니다. 하나님의 큰 능력을 소유하고 쓰는 사람이 되고자 하는 소원이 일어나기를 축복합니다. 십자가를 생활화하면 예수님이 나로 삽니다. 그리고 내가 예수님으로 삽니다. 사회적으로 합의된 가치와 구조를 향해 달려갔던 우리 삶의 방식이 깨집니다. 그렇게 살기에 피조물에 불과한 존재적 죄인인 우리를 통해 예수님의 뜻이 이루어지는 것을 보게 됩니다.

2022년을 돌아보니 감사뿐이었습니다. 하나님의 은혜였습니다. 조금 더 순종할 걸, 조금 더 순종의 즐거움을 맛볼 걸, 더 주님을 바라볼 걸, 하는 아쉬움도 있었지만 그 아쉬움마저도 하나님께서 합력해 선을 이룬 시간들이었습니다. 지난해 교회 공동체에 허락하신 큰 주제가 '생명 있으라' 하는 말씀이었습니다. 생명이 있는 것을 증언할 수 없는 믿음은 허상이라고 하셨습니다. 시편 116:8-9절 말씀을 통해, 우리를 죽음과 눈물과 넘어짐에서 건지셨다고 하셨습니다. 생명이 있는 땅에서 여호와 앞에 행하리라고 했습니다. 2022년, 많은 교우들이 간증했습니다. 하나님 앞에서 산다는 것이 무엇인지 몰랐다고 고백했습니다. 하나님 앞에서 산다는 것이 어렵게 느껴졌기에 그동안 돈, 행복, 인정욕구 앞에서 살았다고 고백했습니다. 남들이 알아주는 성취 앞에서 살았다고 했습니다. 그런데 이제는 하나님 앞에서 살아야 한다는 것을 깨달았습니다. 그러나 그것이 잘 안 됩니다, 그래서 하나님이 필요하다고 하나님을 구하며 기도하는 사람이 많아졌습니다. 그것이 생명입니다. 하나님 앞에서 사는 것이 생명입니다. 그동안의 삶의 방식을 십자가에서 내던집니다. 주님 앞에서 살아가는 것이 무엇인지 이제는 압니다. 그 고백이 실제 삶에서 더 깊어지고, 그 실제를 일상에서 맛보아 알도록 십자가 생활화를 통해 생명이 무엇인지 더욱 선명하게 보는 2023년이 될 것입니다. 여러분 한 사람 한 사람에게 그 생명이 드러나기를 축복합니다.

    어두운 데에 빛이 비치라 말씀하셨던 그 하나님께서 예수 그리스도의 얼

> 굴에 있는 하나님의 영광을 아는 빛을 우리 마음에 비추셨느니라
>
> 고린도후서 4:6

어두운 데서 빛이 있으라 말씀하실 때, 하나님의 뜻이 있었습니다. 말씀하시면 말씀이 이루어집니다. 그 하나님을 바라보는 아들 예수님이 있었습니다. 말씀하시면 말씀이 이루어지는 그 하나님만 주목하는 예수님이셨습니다. 하나님의 뜻, 생각, 마음을 갈구하며 아버지만 갈구하는 아들 예수, 그래서 예수님에게는 오직 아버지 하나님만 가득했습니다. 그것이 영광입니다. 그 영광의 빛을 이제 우리 마음에 비추셨습니다. 우리 마음에는 많은 다른 것이 있었습니다. 마음에 그것이 없어서 힘들고 외롭고 어렵고 고통스럽다는 감정이 있었고 실제 비교의식이 있었고 아픔이 있었습니다. 그런데 생명이 회복되니까 마음에 오직 하나님만 보이는 영광이 채워집니다. 그 생명이 얼마나 존귀하고 영광스럽고 능력이 있는 것인지 함께 경험하기를 축복합니다.

> 우리가 이 보배를 질그릇에 가졌으니 이는 심히 큰 능력은 하나님께 있고 우리에게 있지 아니함을 알게 하려 함이라 **고린도후서 4:7**

질그릇에 보배가 담겨야 합니다. 우리 힘과 의지와 소망으

로 안 됩니다. 하나님의 큰 능력으로 됩니다. 질그릇은 우리입니다. 우리에게 보배, 즉 예수 그리스도가 담겨야 한다는 말씀입니다. 어떻게 우리에게 주님이 담깁니까? 오직 십자가를 통해서입니다. 예수님은 공생애를 사시고 십자가에서 죽으시고 부활하시고 승천하셔서 지금은 아버지 하나님 옆에 계십니다. 그리고 다시 오실 것입니다. 내 안에 예수님이 있다면, 십자가가 있어야 합니다. 우리라는 질그릇에 보배가 담겼다는 것은 우리가 십자가에서 예수님과 연합했다는 것입니다.

질그릇에 대한 오해를 하나 깨야 합니다. 우리는 질그릇 자체를 바꾸려고 애씁니다. 믿음의 사람조차도 질그릇이 바뀌어야 행복하다고 여깁니다. 그래서 온갖 에너지를 다 씁니다. 스펙 쌓으려고 노력하고, 채울 것 다 채우면서 질그릇을 바꾸려고 합니다. 그러나 성경은 본질은 바뀌지 않는다고 말씀합니다. 질그릇 자체는 바뀌지 않습니다. 질그릇에 보배 되신 예수님이 담겨 있느냐 아니냐가 중요한 것입니다.

다윗도 조건이 갖춰지면 죄를 저지르고 타락합니다. 다윗의 마음에 보배 되신 예수님이 떠나가니 보배를 담았던 질그릇도 여지없이 깨지고 타락합니다. 질그릇은 변화되는 것이 아니라 무엇을 담고 있느냐가 중요한 것입니다.

바울과 실라가 감옥에 갇혔을 때 찬송합니다. 어둠이 밀려올 때 의지적으로 찬송할 때도 있습니다. 그리고 속으로부터 일어나는 기쁨의 찬송도 있습니다. 바울과 실라의 찬송은 그런 기쁨의 찬송이었습니다. 차꼬에 차여, 참수를 당할 수 있는데도 마음에서 노래가 나왔습니다. 하나님을 향한 찬양이었습니다. 사탄이나 세상은 우리 몸을 가둘 수는 있지만 예수님을 가둘 수는 없습니다. 세상은 우리에게 베푼 것이 많습니다. 이 재정, 이 가정, 이 지위를 베풀었다고 말합니다. 사탄은 그렇게 베푼 것을 다시 거둬들이며 우리를 괴롭힐 수도 있습니다. 사탄은 하나님 없이도 행복할 수 있다고 우리를 속였습니다. 그래서 하나님 아닌 다른 것으로 우리를 채웠습니다. 우리는 그것이 없어지고, 그것이 떠나갈까 봐 전전긍긍하고 그것을 빼앗기지 않으려고 경쟁하고 서로 죽였습니다. 사탄은 세상의 것으로 우리를 괴롭힐 수 있지만 예수님은 빼앗아갈 수 없습니다. 그래서 우리 안에 예수님이 있는지 확인해야 합니다. 그것에 힘을 쓰고 주의를 기울여야 합니다. 사탄이 내 안에 있는 예수를 어떻게 할 수 없고, 빼앗아갈 수 없습니다. 내 안에 예수님이 담겼다면 결코 무너지지 않습니다. 바울과 실라는 그 마음에 예수님이 계셨습니다. 그래서 속으로부터 나오는 그 노래를 빼앗아갈 수 없었습니다. 질그릇에 보배를 가졌다면 세상은 결코 그 예수를 빼앗아갈 수 없습니다. 꼭 기억하셔야 합니다. 질그릇은 변화되지 않습니다. 오직 내 안에 예수님이 계시는지 확인해야 합니다.

> 우리가 이 보배를 질그릇에 가졌으니 이는 심히 큰 능력은 하나님께 있고 우리에게 있지 아니함을 알게 하려 함이라 **고린도후서 4:7**

질그릇에 보배를 채우는 것은 하나님의 큰 능력입니다. 그 능력은 우리에게 있지 않습니다.

> 10 우리가 항상 예수의 죽음을 몸에 짊어짐은 예수의 생명이 또한 우리 몸에 나타나게 하려 함이라 11 우리 살아 있는 자가 항상 예수를 위하여 죽음에 넘겨짐은 예수의 생명이 또한 우리 죽을 육체에 나타나게 하려 함이라 **고린도후서 4:10-11**

항상 예수의 죽음을 우리 몸에 짊어졌다고 말합니다. 쉽게 말하면 우리가 예수님과 함께 십자가에서 죽었다는 뜻입니다. 임마누엘은 하나님께서 우리와 함께하신다는 뜻입니다. 임마누엘이 이루어지면 신세계입니다. 우리는 예수님을 통하지 않고서는 아버지 하나님을 볼 수 없습니다. 다른 길은 없습니다. 하늘 보좌 우편에 가서 하나님을 볼 수 있는 유일한 길은 오직 십자가입니다. 십자가에서 죽고 부활해야 합니다. 십자가를 통과해야 합니다. 십자가는 예수님과 함께 죽고, 함께 부활하는 것입니다.

예수님께서 십자가에서 돌아가실 때 일곱 번 피를 흘리십니다. 예수님의 보혈입니다. 먼저 머리에 가시관을 쓰신 것은 저주를 끊어냈다는 의미입니다. 가시 자체가 저주입니다. 저주는 대를 이어서 내려오는 어려움보다 더 근원적인 저주입니다. 바로, 우리의 생각입니다. 저주 받았다는 것은 생각이 다르다는 것입니다. 생각이 빗나간 것입니다. 우리 가치가 주님을 따라가지 않는 것입니다. 과녁이 빗나간 것이 죄입니다. 생각이 빗나간 것입니다. 생각이 예수님을 목적 삼지 않은 것이 바로 저주입니다. 그래서 저주를 끊었다는 것은, 내가 예수님과 포개졌다고 한다면, 내 가치가 바뀌고 생각이 바뀌었다는 뜻입니다. 생각이 죽은 것입니다. 가치가 바뀐 것입니다. 예수 믿고 가치가 안 바뀌는 일은 있을 수 없습니다. 극단적입니까? 그러나 그 극단은 사실입니다. 예수님을 믿고 나의 가치와 생각이 바뀌지 않는 일은 있을 수 없습니다. 나의 가치, 생각, 뜻이 죽게 되면 예수님의 생각이 들어옵니다. 그래서 예수가 나로 사는 것입니다.

손은 힘을 뜻합니다. 오른손의 권능은 힘입니다. 힘은 의지입니다. 무엇인가를 이룰 수 있는 힘입니다. 계획과 목표가 있습니다. 그것을 이루기 위해 발휘할 수 있는 손의 힘, 그것은 의지입니다. 십자가에서 포개져 죽었다는 것은 발휘할 수 있는 힘이 죽은 것입니다. 헛된 가치를 위해 쏟아 붓는 힘이 죽었다는 뜻입니다. 질그릇에 보배가 담긴다는 것은 우리 몸에 주님이 담긴다는 것이고, 십자가에서 우리가 예수님과 함께 포개지는 것입니다.

발은 방향이 죽은 것입니다. 나의 방향이 아니라 하나님의 방향이 내 삶에 있어야 합니다. 예수의 죽음을 몸에 짊어졌다는 것은 그런 의미입니다.

> 우리가 항상 예수의 죽음을 몸에 짊어짐은 예수의 생명이 또한 우리 몸에 나타나게 하려 함이라 **고린도후서 4:10**

예수의 생명이 우리 몸에 나타나는 것은 무엇일까요? 예수의 생명은 영생, 곧 영원히 사는 것입니다. 그런데 지금 4장 10절 말씀에 있는 예수의 생명은 조금 다릅니다. 지금 육을 입고 있지만, 지금 육을 입고 있는 이 상태에서 예수님의 뜻이 드러난다는 뜻입니다.

예수로 살고 있는 것이 몸으로 드러납니다. 몸은 십자가에서 죽었는데, 그 몸에서 예수님의 생각이 드러납니다. 날마다 십자가에서 연합했다는 뜻입니다. 내 마음에는 가치가 담깁니다. 육이 있으니 마음에 담깁니다. 눈으로 보기 때문에 압니다. 보는 것이 있기 때문에 담깁니다. 나무가 멋지다면, 멋진 그 나무를 눈으로 봤기 때문에 마음에 담긴 것입니다. 육이 있으니 담긴다는 말은 그런 뜻입니다. 가치가 설정되는 것은 경험했기 때문입니다. 돈이 없으면 힘들고 무시당한다는 경험을 했기 때문에 돈이 마음에 담깁니다. 몸이 있어서 느끼는 것입니다. 십자가에서 나의 몸이 죽었다면, 그것도 죽은 것입니다. 몸이 죽은 것입니다. 육이 죽었다면 그런 가치는 담길 수 없습니다. 예수 생명이 몸에서 나타난다는 것은 내 육이 죽었기 때문에 내 마음에 세상의 것이 담길 수 없다는 것입니다. 그럼 내 마음은 어디로 갑니까? 그때 내 마음은 하늘 보좌로 갑니다. 함께 살고 있는 예수님께 내 마음이 갑니다. 이것이 십자가 생활화입니다.

그동안 우리가 예수님을 얼마나 엉터리로 믿었는지 모릅니다. 그동안 우리는 수많은 우리의 가치를 이루려고 예수님을 믿었습니다. 수많은 욕구를 이루려고 예수님을 믿었습니다. 아닙니다. 내 안에 계신 예수를 주목해야 합니다. 내 육신이 죽고 주님의 뜻을 소원하지 못하는 우리의 험악하고 병든 믿음을 주님께서 만져주시기를 축복합니다.

　육이 죽었다는 것을 다르게 이야기해 보겠습니다. 사람을 의식화시킨다는 것은 세계관을 바꾼다는 것입니다. 세계관을 바꾸면 그 사람은 그 세계관으로 삽니다. 자본주의 세계관으로 살면, 돈 없으면 죽는다는 의식이 있습니다. 그 세계관을 바꾸는 것이 의식화인데, 그 의식은 의식이 있을 때 바꿔야 합니다. 육신이 죽으면 의식도 떠나갑니다. 몸에 의식이 남아 있을 때 의식을 바꿔야 합니다. 그 주된 의식을 자의식이라고 합니다. 자아의식! 이 자의식에 따라 그 사람의 정체성이 정해집니다. 한 가정의 가장이 대기업 이사라고 가정해 보겠습니다. 그 가장이 이야기할 때마다 회사 이야기를 하고, 아내나 자녀 이야기 대신 오직 회사 이야기만 한다면 그 사람의 대표적인 자의식은 회사입니다. 무의식 가운데에도 툭 튀어나오기 때문입니다. 먹을 것을 봐도 아내 생각하는 사람이 있고, 돈을 많이 벌고 재미있는 것을 봐도 가정을 생각하는 사람이 있습니다. 사람마다 자의식이 다릅니다.

　내 몸이 죽고 예수님이 담긴 사람의 자의식은 어떻게 표현될까요? 나는 예수와 함께 죽은 사람입니다! 다른 자의식은 없습니다. 실제로 예수님을 믿으면 당연히 그렇게 됩니다. 자의식이 바뀝니다. 나는 예수와 함께 십자가에서 죽은 사람입니다. 다른 자의식을 갖고 있으면서 예수님을 잘 믿을 수 있다? 원천적으로 불가능합니다. 성공욕구, 가정의 행복, 사회적 위치를 이루기 위해 하나님이 필요할지는 모르지만, 예수님과 함께 죽은 자의식이 없다면 실제 하나님의 큰 능력을 경험할 수 없습니다.

십자가 생활화가 올 한 해 여러분에게 깊이 일어나기를 축복합니다. 어쩌면 그렇게 주님을 잘 믿는다고 착각했는지 갈수록 선명하게 보일 것입니다. 제 자의식은 분명합니다. 저는 예수님과 함께 십자가에서 죽고 예수로 산 사람입니다. 그 자의식으로, 내 안에 계신 주님으로 자녀를 보게 됩니다. 그럼 자녀가 더 사랑스럽게 보입니다. 자녀가 어떤 길로 가야 할지 너무나 선명합니다. 이 자의식으로 아내를 보면 얼마나 이쁜지 모릅니다. 이 자의식이 있으니 여러분을 바라볼 수 있습니다. 이 자의식이 있으니 이 사회, 이 민족, 좌우 대립, 이 세계가 어디로 가야 하는지, 무엇을 위해 기도해야 하는지 하나님의 뜻이 보입니다. 이기는 게 아니고 경쟁하는 게 아니고 뜯어말리는 게 아닙니다. 고쳐서 되는 게 아닙니다. 자의식의 문제입니다. 예수님의 생명이 내 안에 나타난다는 것은 나를 통해 사시는 예수님이 어떤 분인지 드러나는 것입니다. 예수님이 나를 통해 당신의 뜻을 드러내시려고 하는 것이구나! 당신의 계획을 이루고자 하시는구나! 그때 나는 죽고 예수로 사는 것의 의미를 알게 됩니다. 그런 자의식으로 사는 사람에게 좁은 의미로 나타나는 결론이 있습니다.

> 8 우리가 사방으로 욱여쌈을 당하여도 싸이지 아니하며 답답한 일을 당하여도 낙심하지 아니하며 9 박해를 받아도 버린 바 되지 아니하며 거꾸러뜨림을 당하여도 망하지 아니하고 **고린도후서 4:8-9**

이 말씀을 깊이 볼수록 어려운데 결론은 쉽습니다. 한참 보면 답답할 수 있습니다. 어법이 맞지 않기 때문입니다. 욱여쌈을 당하여도 싸이지 않는다고 합니다. 누군가에게 맞았는데 맞지 않았다는 말과 같습니다. 물벼락을 맞았는데 안 맞았다는 것과도 같습니다. 답답한 일을 당하여도 낙심하지 않는다는 말씀을 관념적으로 이해하면 예수님을 믿는 것이 아닙니다. 실제가 되어야 합니다. 박해를 받아도 버린 바 되지 않고 거꾸러뜨림을 당해도 망하지 않는다고 합니다. 예배당이 무너져도 망하지 않는다는 것인데, 실감이 나십니까? 넘어져도 안 넘어졌다고 씨익 웃는 것이 말이 됩니까?

영적인 계산법이 있습니다. 저는 계산이 끝났습니다. 건강이 어려워도, 재정이 어려워도 그것을 회복하기 위해 먼저 노력하지 않습니다. 영적인 계산법이 섰기 때문입니다. 이 어려움이 나에게 어떤 유익이 있을까, 그것부터 먼저 생각합니다. 그래서 감사부터 합니다. 그리고 내 안에 계신 주님으로 육신과 재정이 회복되는 것을 보게 됩니다. 힘든 것이 있는데 그 힘든 것보다 더 선명한 것이 십자가이기 때문입니다. 그래서 극단적으로 말하면 기어서라도 십자가로 갑니다. 그런데 오늘 말씀은 이 영적인 계산법을 훨씬 뛰어넘습니다.

십자가가 너무 선명하니까, 이 죽을 것 같은 상황에서도 마음 빼앗기지 않으려고, 우리는 십자가로 갑니다. 그런데 오늘 말씀은 욱여쌈을 당해도 싸이지 않고, 답답한 일을 당해도 낙심하지 않고 넘어져도 망하지 않았다고 말합니다. 실제 죽을 것 같은 상황인데도 마음이 마치, 물이 넘실거릴 때 방수 처리된 것처럼, 환경이 어려워도 마음이 지켜졌다는 뜻입니다. 신비한 것입니다. 힘든 것을 무시하지 않고 선명한 십자가로 달려갔더니 어느 날 힘든 마음만 남아 있는 것이 아니라, 조건과 상관없이 전혀 요동치지 않는 마음이 발견됩니다. 저는 그 마음이 저의 삶의 전 영역으로 확대되기를 소원합니다.

스데반 집사가 죽어갑니다. 죽어가면서도 씨익 웃습니다. 실제로 마음은 아무 영향을 받지 않았기 때문입니다. 예수님께서 배를 타셨는데 광풍이 불었습니다. 제자들은 우왕좌왕합니다. 예수님은 주무십니다. 왜일까요? 영향을 받지 않았기 때문입니다. 예수님의 십자가 죽음을 우리 몸에 짊어지면, 어느 날 우리 마음을 정금같이 다듬으시고 방수 처리를 잘 하셔서, 세상이 흉흉해도 마음이 움직이지 않고, 그 어디나 하나님의 나라라고 이야기하는 사람이 됩니다.

질그릇을 바꾸려고 했던 허무한 시도를 중단하십시오. 존재에 예수님이 계시는가? 날마다 예수님과 함께 십자가에서 죽은 것이 사실 되어, 그때 마음에 부어주시는 하나님의 사랑으로, 하나님의 뜻이 이루어지는 사랑의 통로, 은혜의 통로가 되기를 예수님의 이름으로 축복합니다.

에필로그

우리가 사실 왕 삼고 살아가는 것이 많습니다. 가장 첫 번째 있는 것이 왕입니다. 그것이 우리 세계관이고 자의식입니다. 돌이키면서 소원해야 합니다. 나의 자의식, 나는 예수님과 함께 십자가에서 죽은 사람입니다! 주님이 나의 목적이라면 왜 못합니까? 주님이 사실이고 진리인데 왜 못합니까? 세상은 나를 가둘 수 있지만 주님은 가두지 못합니다. 그 주님이 내 안에 계셔서, 하늘의 든든함이 내 속에 임하는 것을 왜 마다 합니까? 기꺼이 올 한 해 경험하고 믿음의 용사로, 믿음의 권능자로 자리잡기를 예수님의 이름으로 축복합니다.

누가복음 12:13-21

13 무리 중에 한 사람이 이르되 선생님 내 형을 명하여 유산을 나와 나누게 하소서 하니 14 이르시되 이 사람아 누가 나를 너희의 재판장이나 물건 나누는 자로 세웠느냐 하시고 15 그들에게 이르시되 삼가 모든 탐심을 물리치라 사람의 생명이 그 소유의 넉넉한 데 있지 아니하니라 하시고 16 또 비유로 그들에게 말하여 이르시되 한 부자가 그 밭에 소출이 풍성하매 17 심중에 생각하여 이르되 내가 곡식 쌓아 둘 곳이 없으니 어찌할까 하고 18 또 이르되 내가 이렇게 하리라 내 곳간을 헐고 더 크게 짓고 내 모든 곡식과 물건을 거기 쌓아 두리라 19 또 내가 내 영혼에게 이르되 영혼아 여러 해 쓸 물건을 많이 쌓아 두었으니 평안히 쉬고 먹고 마시고 즐거워하자 하리라 하되 20 하나님은 이르시되 어리석은 자여 오늘 밤에 네 영혼을 도로 찾으리니 그러면 네 준비한 것이 누구의 것이 되겠느냐 하셨으니 21 자기를 위하여 재물을 쌓아 두고 하나님께 대하여 부요하지 못한 자가 이와 같으니라

2

십자가 생활화는
비정상을 정상화시킨다!

누가복음 12:13-21

오늘 설교 목적은 한 지점을 분명하게 발견하게 하는 것입니다. 평소 일상에서 비정상적인 삶을 정상으로 여기고 있는 그 지점입니다. 이 지점을 착각하고 살았다는 것을 알고 돌이켜야 합니다. 그리고 발견했다면 수고해야 합니다. 하나님께서 인정해주지 않으시는 헛된 수고가 아니라, 정상화를 위한 기쁨의 수고를 해야 합니다. 그 수고의 기쁨을 경험하고, 그 수고의 놀라운 은혜를 경험하고 싶다는 자원하는 마음이 있었으면 좋겠습니다. 그 지점을 돌이켜야 해, 하는 자원하는 마음으로 수고했더니 하늘로부터 임하는 하늘의 평안, 기쁨, 뜻이 있고, 그 은혜를 흘려보내는 믿음의 증인으로 서게 만드는 것이 설교 목적입니다.

사흘 전부터 진달래가 피더니 한아름 피었습니다. 저는 진달래가 소박해서 좋습니다. 철쭉과는 다른 분위기가 있습니다. 진달래는 우아함과 수줍음과 너그러움과 온화함이 있습니다. 오랫동안 진달래 앞에 머물다가 꽃을 따서 전을 해먹고 싶은 마음도 듭니다. 산수유가 피었고 목련이 피어나려고 하고, 벚꽃도 조만간 필 것입니다. 올해는 개화가 2주 빨라진다고 합니다. 윤중로 벚꽃에 넘버링이 되어 있는데, 두 그루에서 꽃이 피고, 한 가지에서 세 개의 꽃이 한꺼번에 피면 비로소 '개화' 시기라고 말합니다. 하나님의 시기는 오묘합니다. 하나님의 때는 분명합니다. 환경이 망가지고 힘들어져도, 절기가 오지 않을 것 같을 때에도 하나님의 때는 정확하게 옵니다. 그 완전하신 하나님을 바라보는 마음이 열렸으면 좋겠습니다.

비정상을 정상으로 생각하는 것을 보라고 하십니다. 한사람이 재산 분배로 억울했던 모양입니다. 성경에서 말하는 재산 분배의 규칙대로 되지 않아서 예수님을 찾아온 것 같습니다. 그런데 예수님께서는 그 탄원을 거절하십니다. 그리고 탐심과 생명을 말씀하십니다. 16절부터 21절까지 내용을 보면, 우리는 정상적이라고 생각하지만 주님 보시기에는 아니라는 것, 곧 우리는 자연스럽고 보편적인 가치라고 생각했는데 주님께서는 틀렸다고 말씀하십니다. 옳다고, 맞다고, 정상이라고,

정말 필요한 것이라고 생각했지만 사실 하나님 보시기에는 그렇지 않을 수 있다는 것입니다. 과하게 말하면 거의 다 그럴 것입니다.

> 또 비유로 그들에게 말하여 이르시되 한 부자가 그 밭에 소출이 풍성하매
> **누가복음 12:16**

우리가 바라는 것입니다. 소출이 풍성하다는 것은 부자가 된 것입니다. 단지 돈만을 이야기하는 것은 아닙니다. 우리가 각각 소원하는 바가 풍성하게 이루어진 것입니다. 성공을 위해 힘써 달려가는 것은 보편적인 가치입니다.

> 심중에 생각하여 이르되 내가 곡식 쌓아 둘 곳이 없으니 어찌할까 하고
> **누가복음 12:17**

생각은 계획한다는 것입니다. 그래서 생각은 반드시 결과를 낳습니다. 그동안 노력했던 것이 있었는데 그것이 이루어졌습니다. 그때 마음 깊이 생각한 것은 곡식 쌓아둘 곳이 없다는 것입니다. 우리는 문제점이 보일 때도 계획합니다. 이루어지지 않은 것을 계획합니다. 보존해야 할 때도 계획합니다. 고치고 개선하려고 합니다. 많이 수확하려고 하고 또 수확한 것을

잘 보존하려고 하는 것은 일반적인 가치, 보편적인 가치, 누구나 추구하는 가치입니다.

> 또 이르되 내가 이렇게 하리라 내 곳간을 헐고 더 크게 짓고 내 모든 곡식과 물건을 거기 쌓아 두리라 **누가복음 12:18**

무언가를 계획하고 이루고 복되게 하려는 것은 보편적인 가치이고 그것은 하자가 없는 것입니다. 그런데 오늘 말씀을 보면 하자가 있다고 하십니다. 우리의 보편적인 가치와는 어긋나는 말씀입니다. 우리가 추구하는 가치가 왜 문제인지 말씀하십니다. 계획했고 계획을 실행했고 결과는 잘 됐습니다.

> 또 내가 내 영혼에게 이르되 영혼아 여러 해 쓸 물건을 많이 쌓아 두었으니 평안히 쉬고 먹고 마시고 즐거워하자 하리라 하되 **누가복음 12:19**

받은 축복을 누리는 것은 하나님의 은혜가 아닙니까? 허랑방탕한 의미도 아니었습니다. 충분히 노력해서 성과를 얻었고, 그 성과를 잘 보존하고 지켜서 삶을 풍요롭게 하려고 했습니다. 전혀 하자가 없습니다. 경건하지 못한 모습도 아닙니다. 누군가와 나누지 않고 착복한다는 의미로 말씀하신 것도 아닙니다.

> 20 하나님은 이르시되 어리석은 자여 오늘 밤에 네 영혼을 도로 찾으리니 그러면 네 준비한 것이 누구의 것이 되겠느냐 하셨으니 21 자기를 위하여 재물을 쌓아 두고 하나님께 대하여 부요하지 못한 자가 이와 같으니라
> **누가복음 12:20-21**

어리석은 자의 영혼을 거론하십니다. 마음 씀씀이가 어디로 가 있는지 보라는 것입니다.

> 1 포도주는 거만하게 하는 것이요 독주는 떠들게 하는 것이라 이에 미혹되는 자마다 지혜가 없느니라 2 왕의 진노는 사자의 부르짖음 같으니 그를 노하게 하는 것은 자기의 생명을 해하는 것이니라 3 다툼을 멀리 하는 것이 사람에게 영광이거늘 미련한 자마다 다툼을 일으키느니라
> **잠언 20:1-3**

언뜻 보면 잘 연관되지 않는 말씀처럼 보입니다. 술이 나오고 다툼이 나옵니다. 그런데 하나님의 지혜가 밀접하게 연결돼 있습니다. 포도주는 거만하게 하고 독주는 떠들게 한다고 합니다. 비정상임에도 정상으로 생각하고 있다는 대표적인 말씀입니다. 술 먹은 상태가 그렇습니다. 술을 많이 먹고 전봇대에 옷을 걸고 그 옆에서 편하게 잤다는 무용담도 예전에 들었습니다. 술 먹으면 한 이야기 또 하고 한 이야기 또 합니다.

술 취한 사람은 정상으로 여기지만, 우리가 볼 때는 비정상적입니다. 하나님께서 우리를 보실 때도 마찬가지입니다. 우리가 정상적으로 여기는 것을 하나님께서는 비정상으로 여기십니다. 술로 비유한 이유는 취함 때문입니다. 우리도 자녀에게 취합니다. 재정에도 취합니다. 성공 욕구에도 취합니다. 삶의 자리에서 영향력을 끼치는 주류세력에 들어가려고 노력합니다. 우리가 볼 때는 그것에 취하는 것이 정상이지만, 하나님 보시기에는 술 취한 것과 똑같습니다. 저에게 이런 이야기를 하시는 분이 계십니다. "목사님, 하나님의 마음은 알겠어요, 그런데 자식을 위해 어떻게 기도하지 않을 수 있는 거죠?" 우리 어머니들입니다. 자녀에게 취하면 무언가 계획이 세워집니다. 믿음의 사람은 무언가에 취하면, 그 무언가가 잘 되라고 기도합니다. 이 재정이 올바르게 잘 쓰여져야 한다고 기도합니다. 그러나 그 빛깔을 봐야 합니다.

독주는 떠들게 한다는 말씀은 우리가 세상의 것에 취해서 하나님 앞에서 떠드는 것과 같다는 말씀입니다. 그런 기도는 떠드는 것이라는 말씀입니다. 술 취한 사람이 중언부언하는 것과 같다는 것입니다. 포도주는 거만하게 한다는 말씀은 무슨 뜻일까요? 자녀에 대한 우리의 계획을 하나님 앞에서 열심을 갖고 이야기하는 것, 그것이 거만하다는 것입니다. 말씀을 그대로 듣기를 축복합니다. 성경은 제 설교보다 훨씬 과격합니다. 성경 말씀을 들으면 그래서 저도 어렵습니다. 십자가에서 정말 결론내지 않으면 안 되는군요, 저 좀 죽여주세요, 그런 기도가 그래서 절로 나옵니다. 실제 되지 않으면 안 됩니다.

마음이 그것에 취해서 종교적인 언어로 하나님 앞에서 그것을 거창하게 이야기하지만, 결국 하나님 앞에서 그냥 떠드는 것이고 거만한 것이라고 하십니다. 왕 앞에서 술주정하면 생명을 빼앗깁니다. 하나님께서 은유적으로 말씀하십니다. '너희들이 옳다며, 너희들이 이루고 성공했다며? 그것을 어떻게 보존하고 가꿀까 하는 것을 당연하게 여기잖아, 그런데 그것은 거만하고 떠드는 거야, 그럼 결국 생명을 해하게 되는 것'이라고 말씀하시는 것입니다. 그래서 저는 절로 회개가 됐습니다. "하나님, 제가 무엇에 대해 마음을 쓰고 있습니까? 제가 취한 내용이 무엇입니까? 이 존재 좀 깨뜨려 주세요! 세상의 것을 마음이 흡입하려는 이 본성 좀 깨뜨려 주세요!"

> 다툼을 멀리 하는 것이 사람에게 영광이거늘 미련한 자마다 다툼을 일으키느니라 잠언 20:3

다툼을 멀리 하는 것이 사람에게 영광이라고 합니다. 논리적으로 어법이 맞지 않습니다. 영광은 1등입니다. 1등을 하려면 경쟁이 필요합니다. 그런데 경쟁을 멀리하는 것이 사람에게 영광이라고 하십니다. 영광은 하나님만 드러나는 것입니다. 하나님과 자식을 비교해서 자식이 크다면 하나님은 영광을 받지 못하십니다. 영광은 오직 그것으로만 가득 채워진 것, 곧 1등이라는 의미이기 때문입니다. 영광을 위해서는 당연히 경쟁해야 하고 다툼이 있어야 하는데 말씀에서는 경쟁하지 않고 1등 하라고 합니다. 경쟁하지 않는 것이 1등이라고 합니다. 무슨 뜻일까요? 술판에서 경쟁한들, 나병환자들이 모여 사는 골짜기에서 성공한들! 무슨 의미가 있겠느냐는 말씀입니다.

경쟁은 동물에게 가장 필요한 욕구입니다. 약육강식의 규칙이 적용되기 때문입니다. 짐승에게는 가장 필요한 욕구입니다. 그런데 짐승에게 없는 것이 사람에게 있습니다. 마음입니다. 반려동물에게는 마음이 없습니다. 느낌은 있을지 몰라도 마음은 없습니다. 마음은 하나님께서 거하시려고 창조하신 것입니다. 그래서 동물에게는 마음이 없습니다. 반려가 아닌 것입니다. 그냥 하나님께서 창조하신 생명으로 귀하게 여겨야 합니다. 마음은 오직 사람에게만 있습니다. 그래서 하나님의 형상으로 창조하셨다고 하신 것입니다. 마음은 하나님의 영을 담는 그릇입니다. 마음의 크기는 하나님의 크기입니다. 마음에는 하나님이 담겨야 합니다. 다툼을 통해 영광이 되는 것이 아니라, 마음에 하나님이 담겨야 한다는 것입니다. 그래서 다툼이 의미가 없는 것입니다. 그런데 우리는 다툼을 통해, 경쟁을 통해, 무엇인가 채우려고 하고 그것이 영광이 된다고 여깁니다. 그것이 깨져야 합니다.

> 13 무리 중에 한 사람이 이르되 선생님 내 형을 명하여 유산을 나와 나누게 하소서 하니 14 이르시되 이 사람아 누가 나를 너희의 재판장이나 물건 나누는 자로 세웠느냐 하시고 15 그들에게 이르시되 삼가 모든 탐심을 물리치라 사람의 생명이 그 소유의 넉넉한 데 있지 아니하니라 하시고
> **누가복음 12:13-15**

감당하기 어려운 말씀입니다. 쉬운 말씀이 아닙니다. 보편적인 가치가 깨어지지 않는다면 이 말씀을 받아들이기 어렵습니다. 유대 풍습에 의하면, 아버지 유업을 분배할 때, 장자에게는 2/3, 차남에게는 1/3을 줍니다. 그럼에도 다툼이 있을 수 있습니다. 그때 당사자들은 랍비에게 찾아가 재판해 달라고 합니다. 당시 예수님을 랍비로 알았으니 예수님께 나아가 이야기할 수 있는 상황입니다. 그래서 예수님은 공정하게 그 사건을 재판해야 하는데, 오히려 거절하십니다. 그리고 꾸짖으십니다. 탐심을 물리치라고 하시고 사람의 생명이 그 소유의 넉넉

비정상을 정상화시킨다! 37

함에 있지 않다고 하십니다. 당연한 일을 탐심이라고 하시니 받아들이기 쉽지 않은 말씀입니다.

무언가를 저에게 정당하게 가져왔습니다. 그런데 제가 "그런 거 다시는 가져오지 마세요. 그런 탐심으로 살면 지옥 가!" 그럼 어떻게 될까요? "목사님, 저 이 사역 너무 힘들어요, 누구 때문에 힘들어요." 그것이 맞다 해도, 제가 그 이야기를 듣고 "그런 이야기 두 번 다시 하지 마세요, 욕심이나 가득해서, 그렇게 해서 천국 가겠어요?" 한다면 교회가 아주 어려워질 것입니다. 성경은 저보다 훨씬 더 과격합니다. 정말 억울한 상황일 수 있습니다. 그런데 주님은 그것을 보시고 탐심이라고 말씀하십니다.

> 20 하나님은 이르시되 어리석은 자여 오늘 밤에 네 영혼을 도로 찾으리니 그러면 네 준비한 것이 누구의 것이 되겠느냐 하셨으니 21 자기를 위하여 재물을 쌓아 두고 하나님께 대하여 부요하지 못한 자가 이와 같으니라
> **누가복음 12:20-21**

탐심은 아주 근본적인 것입니다.

그러므로 땅에 있는 지체를 죽이라 곧 음란과 부정과 사욕과 악한 정욕과

> 탐심이니 탐심은 곧 우상 숭배니라 **골로새서 3:5**

탐심은 우상숭배라고 골로새서는 이야기합니다. 마음이 탐하는 것이 탐심입니다. 마음의 욕구입니다. 탐심은 하나님 외에 다른 것을 욕구하는 것입니다. 옳은 것을 가졌느냐, 틀린 것을 가졌느냐 하는 것이 아닙니다. 마음이 무엇을 욕구하는지 묻고 계시는 것입니다. 우리 마음에는 하나님이 계셔야 하는데, 하나님이 아닌 다른 것이 있다면 우리는 하나님을 따라갈 수 없습니다. 그런데 이것이 쉽게 됩니까? 노력으로 됩니까? 안 됩니다. 어떻게 해야 합니까? 마음에 무엇이 있는가 보십시오. 노력하지 않아도 그냥 들어옵니다. 억울하다고 생각하는 것, 옳다고 생각하는 것, 그것이 합법적이라고 해도 그것으로는 예수님을 따라올 수 없다고 하십니다. 그럼 어떻게 해야 합니까?

> 너희는 이 세대를 본받지 말고 오직 마음을 새롭게 함으로 변화를 받아 하나님의 선하시고 기뻐하시고 온전하신 뜻이 무엇인지 분별하도록 하라
> **로마서 12:2**

하나님의 뜻은 항상 선하고, 아름답고, 기쁩니다. 전제가 있습니다. 하나님의 뜻이 실제로 여러분에게 닥치면 어떻게 됩

니까? "너, 다음주부터 쪽방촌 사역 해" 하나님께서 이렇게 말씀하시면, "와! 하나님의 뜻은 언제나 선하고 기쁘고 온전하시다"고 말할 수 있을까요?

전제가 있습니다. '마음을 새롭게 함으로 변화를 받아!' 이것이 안 되면 안 됩니다. 이것이 거듭남입니다. 이 거듭남이 없으면 무슨 이야기를 해도 교리로만 들립니다. 사랑하라고 하시는 말씀이 쉽게 들립니까? "에이, 그냥 좀 품고 기도해 주고 가면 되지" 하는 말은 거듭난 사람에게 복음으로 들립니다. "내가 품을 수 있다니, 내가 기도할 수 있다니!" 그러나 거듭나지 않은 사람은 "왜 항상 저예요?" 하고 말하게 됩니다. 90% 이상은 "왜 항상 나만 갖고 그래요!" 하면서 상담해 옵니다. 그때 제가 "그것은 성도가 거듭나지 않은 증거"라고 말하면 교회는 난리가 날 것입니다. 마음이 새롭게 변화되지 않으면 절대 되지 않습니다.

마음이 어디에 취해 있는가! 마음이 새롭게 변화되었다는 것은 그 문제입니다. 우리는 육을 입었기에 보고 듣는 것이 있습니다. 마음에 담기는 것이 있습니다. 복음을 모르면 이 말씀도 율법적으로 들릴 것입니다. 하나님께서 우리를 창조하실 때 3차원에서 만드셨습니다. 하나님은 3차원 바깥에 계십니다. 시간과 공간의 제약을 받는 우리에게 시공간을 초월하는 마음을 만드시고, 당신이 친히 마음을 채우십니다. 제 마음은 과거 시점의 제 딸을 뚜렷하게 떠올릴 수 있습니다. 마음만 시공간을 초월합니다. 우리가 처해 있는 시공간에서 우리는 시공간의 영향을 받습니다. 우리가 매일 보고 듣는 것이 비정상적인 것입니다. 그러니 비정상일 수밖에 없습니다. 그런데 은혜를 주셨습니다. 딴생각을 할 수 있게 하셨기 때문입니다. 저는 하나님의 영향을 받고 싶습니다. 그래서 시간을 할애해야 합니다. 아무 공간에나 있으면 안 되지만 우리는 어떤 공간에 있을 수밖에 없습니다. 그래서 딴생각 해야 합니다. 그 공간에서 예수님과 함께 죽고, 내 안에 주님이 채워지는 것을 보아야 합니다. 들은 풍월로, 가진 개념으로 하면 그냥 들통 납니다. 시공간의 구속을 받지만 우리는 딴생각을 할 수 있습니다. 그곳에서 예수님과 함께 죽었다고 고백하고, 실제 되게 해달라고 기도할 수 있습니다. 우리 마음에 주님이 가득해야 한다고 기도할 때, 낙타가 바늘귀를 통과하는 그 불가능한 일을 하나님께서 하십니다. 연합하기 전까지는 안 됩니다. 주님께서 우리를 붙들고 가셔야 합니다. '너희들이 마음에 품고 있는 그것이 너희들 영혼과 너희들 삶을 책임질 수 있다고 생각하느냐? 아니다!' 우리 마음이 취해야 할 것은 하나님이십니다. 바늘귀에 낙타가 통과하게 하시는 분은 하나님이십니다. 그 믿음의 선순환이 일어나기를 예수님의 이름으로 축복합니다.

우리가 생명으로 여기는 것이 많이 있습니다. 작가는 창작을 생명으로 여기고, 가수는 목을 생명처럼 여길 것입니다. 권투선수에게는 손이 생명입니다. 생명처럼 여기는 것이 다 있습니다. 사업가는 사업 터전이 그럴 것입니다. '너희들 생명처럼 여기는 것이 무엇이냐', 마음이 취한 것이 생명이고 마음에 가득한 것이 생명이라고 하십니다. 그렇다면 하나님의 음성이 반드시 들릴 것입니다. 마음에 주님이 계셔야 하는데, 내가 스스로 생명처럼 여기고 있던 것을 이루기 위해 주님을 불렀다는 것을 돌이키게 될 것입니다. 그렇다면 비정상적인 요소를 정상적인 요소로 여기는 지점이 어디일까요? 자녀일까요? 재정일까요? 아닙니다. 그 지점이 아닙니다. 마음입니다. 마음에 무엇을 담고 있는가! 그래서 마음에 주님을 담는 데 수고를 아끼지 말라는 것입니다. 주님이 마음에 담겨 강물 같은 평안과 더불어, 당신께서 당신의 뜻을 행하시는 것을 보는 믿음의 증인으로 함께 서기를 예수님의 이름으로 축복합니다.

에필로그

취함의 절정은 중독입니다. 중독의 대표적 요소는 술, 마약, 알코올입니다. 모두 외부에서 내부로 들어오는 것입니다.

시공간의 제약을 받는다는 것은 보고 듣는 세상의 가치가 내 안으로 들어오는 것입니다. 그것을 경계해야 합니다. 십자가로 달려가야 합니다.

속고 살아온 것 중 하나가 이것입니다. '하나님께서 우리가 잘하는 것을 사용하신다, 준비된 것을 사용하신다!' 아닙니다. 속지 마십시오. 물론 그럴 수도 있지만 잘하는 것을 사용하시는 하나님이 아니십니다. 하나님의 목적은 변화되는 나입니다. 내 마음에 하나님만 담기도록 내가 좋아하지 않는 그 일도 하게 하십니다. 하나님은 순종을 쓰십니다. 그래서 낙타가 바늘귀로 들어가게 하십니다. 잘하는 것을 쓰신다고 생각하면 오산입니다. 하나님께서는 잘하는 것을 대부분 쓰지 않으십니다. 하나님을 오해한 것이고, 우리가 잘하는 것을 추구해서 그렇게 생각한 것입니다. 하나님은 실제로 우리를 더디 만들어가십니다. 내 마음에 무엇이 담겨 있나, 그것을 보시고 그리스도의 장성한 분량에 이르도록, 출세상하도록 우리를 이끌어가십니다. 그 은혜가 사랑하는 여러분의 심령 가운데 깊이 스며들기를 예수님의 이름으로 축복합니다.

아가서 6:1-3
1 여자들 가운데에서 어여쁜 자야 네 사랑하는 자가 어디로 갔는가 네 사랑하는 자가 어디로 돌아갔는가 우리가 너와 함께 찾으리라 2 내 사랑하는 자가 자기 동산으로 내려가 향기로운 꽃밭에 이르러서 동산 가운데에서 양 떼를 먹이며 백합화를 꺾는구나 3 나는 내 사랑하는 자에게 속하였고 내 사랑하는 자는 내게 속하였으며 그가 백합화 가운데에서 그 양 떼를 먹이는도다

3

십자가 생활화는 상태다!

아가서 6:1-3

십자가 생활화를 한다고 할 때 어떤 상태가 있을 것입니다. 십자가 생활화와 걸맞은 상태는 반드시 판단과 연관돼 있습니다. 그것을 알게 되면 하나님의 뜻이 임하는 것을 경험하게 됩니다. 누구에게나 하나님의 뜻이 임합니다. 하나님의 뜻이 실제로 자신을 이끌어가는 것을 알게 됩니다. 그런 삶을 살게 하는 것이 오늘 설교 목적입니다.

우리는 하나님을 많이 찾고 부릅니다. 그러나 실제로는 하나님을 잃어버린 사람들이 많습니다. 하나님을 찾았음에도 잃어버린 상태, 그것을 깨닫게 만드는 것이 십자가 생활화입니다. 우리의 삶은 때로 힘들고 어렵습니다. 또 반대로 삶이 너무나 유쾌하고 재미있고 행복합니다. 그때 하나님이 실제로 함께 하시는가! 그것을 느낀다면 내 삶의 상황과 관계 없이 하늘의 것을 경험하며 살아가게 되어 있습니다.

2주 전에 한 집사님이 새 건물 목예방(목사님이 예수님과 함께 머무는 방)에 거처하시는데 어려움은 없느냐고 여쭤보셨습니다. 어려움에 대한 저의 해석도 많이 바뀌었습니다. 제가 옛 성전에 있을 때 어려웠습니다. 이사 온 지 이제 5년째입니다. 이사하면 오래가도 보통 6개월 정도 즐거워한다고 합니다. 그런데 저는 새 성전에 올 때마다 날마다 새롭습니다. 성전을 주신 주님이 선명하기 때문입니다. 20여 년 전부터 이 땅을 주목하게 하셨습니다. 저는 소유에 대한 개념이 여러분과는 다릅니다. 80% 이상은 다릅니다. 저는 성전을 소유하고 짓고 하는 개념이 전혀 없었습니다. 주님께서 강권하시고 고드 화이트 목사님까지 오셔서 새 성전에 대해 말씀을 하셨고 또 많은 분들이 새 성전에 대한 말씀을 하셨습니다.

이곳으로 이사오기 2년 전, 교회 옆에서 파일을 박는 공사를 했는데, 정말 힘들었습니다. 제가 있는 컨테이너가 흔들렸습니다. 제가 10년 정도 컨테이너에서 살았습니다. 여름에는 온도가 3~7도 정도 높고, 겨울에는 2~3도가 더 낮았습니다. 견디기가 힘들었습니다. 예전 교회가 1.5m 정도 지하에 있었습니다. 또 교회 옆에 들깨밭이 있었는데, 그 밭의 토양을 바꾼다고 흙을 덮고 땅을 높였는데 컨테이너 방에 매일 먼지가 쌓였습니다. 그런 힘든 상황에서 또 바로 옆에 식당이 있었는데, 식당을 허물고 공사를 했습니다. 나중에는 헛구역질이 났습니다. 또 바로 옆 빈 밭에 빌라까지 짓기 시작하니까 도저히 제가 교회에 머물 수 없는 상황이 됐습니다. 그래서 제가 카페로 가기 시작했습니다. 카페에서 성경을 보고 묵상하는 것은 자연스럽지 않다고 생각했습니다. 그래서 도서관에도 갔지만 도서관에서는 목회를 할 수 없으니, 결국 카페로 가기 시작했습니다. 카페에 가서 배웠습니다. 공간과 노래와 환경에 관계없이 하나님을 깊이 경험할 수 있다는 것을 배웠습니다. 지금은 그런 환경에 있다 하더라도 헛구역질까지 하지는 않을 것 같습니다. 그때 카페에서 공부하면서 주님이 주신 생각이 '딴생각'이었습니다. 여러 사실이 많지만 내 마음에 들어온 사실만 현실 된다는 것을 알았습니다. 수많은 일이 있지만 하나님이 사실입니다. 하나님이 우리 마음에 들어왔을 때만 하나님은 현실 됩니다.

아가서 6장을 알기 위해서는 5장을 알아야 합니다. 술람미 여인이 예루살렘 여인들에게 솔로몬을 찾아달라고 합니다. 술람미 여인은 솔로몬의 일방적인 구애로 결혼했습니다. 그런데 솔로몬은 국정으로 바빴고 힘들고 어려웠습니다. 그래서 술람미 여인이 토라져서 솔로몬을 거절했습니다. 문을 열어 주지 않았습니다. 그때 솔로몬이 떠나가자, 술람미 여인이 정신을 차리고 솔로몬을 다시 찾아나섭니다. 찾아나선 뒤에는 험한 일도 당합니다. 불량배들에게 끌려가기도 합니다. 우여곡절 끝에 술람미 여인이 예루살렘 여인들에게 솔로몬을 찾아 달라고 부탁합니다. 그때 여인들이 술람미 여인에게 묻습니다. 네가 찾는 그 사람이 다른 사람보다 나은 것, 더 사랑스러운 것이 무엇이냐고 묻습니다. 술람미 여인이 정신을 차리고 집중해서 보니까 솔로몬의 진가가 보입니다. '원래 솔로몬은 이런 분이었지, 맞아! 이것이 솔로몬이었지! 이것이 내 사랑이었지!' 하고 6장으로 넘어옵니다.

> 1 여자들 가운데에서 어여쁜 자야 네 사랑하는 자가 어디로 갔는가 네 사랑하는 자가 어디로 돌아갔는가 우리가 너와 함께 찾으리라 2 내 사랑하는 자가 자기 동산으로 내려가 향기로운 꽃밭에 이르러서 동산 가운데에서 양 떼를 먹이며 백합화를 꺾는구나 **아가서 6:1-2**

술람미 여인은 솔로몬이 어디 있는지 알았습니다. 이 고백은 술람미 여인에게 단순한 고백이 아닙니다. 솔로몬에게는 천 양 떼, 천 백합화가 있었습니다. 그런데도 술람미 여인은 그것이 상관없었습니다. 술람미 여인은 왜 솔로몬이 멀리 갔다고 생각했을까요? 그녀의 마음에서 솔로몬이 떠나가 있었기 때문입니다. 솔로몬이 떠나가 있으니 그녀의 마음에서 솔로몬이 현실 되지 않고, 다른 것이 현실 된 것입니다. 내 마음에 사실된 것만 현실 됩니다.

하나님을 찾아도 하나님을 잃어버린 사람이 많습니다. 하나님을 찾아도 하나님이 아닌 다른 것을 찾는 사람이 많습니다. 마음이 무엇을 찾고 있는가! 마음이 무엇과 닿아 있는가!

출세상! 주님의 높고 위대하심을 찬양하는 것은 언어의 유희가 아닙니다. 실제 마음이 하나님과 맞닿아 있는 것입니다. 예수님을 따라가게 되면 세상을 벗어나게 됩니다. 예수님을 따라가는데 주님만 남는 사람, '주남인'이 되지 않는 인생은 없습니다. 그러나 우리 마음은 자녀, 가정, 돈, 성공, 이 세상과 맞닿아 있습니다. 그것이 현실입니다. 마음에 있는 다른 것 때문에 주님을 찾을 수 있는 존재가 우리입니다.

악인은 쫓아오는 자가 없어도 도망하나 의인은 사자 같이 담대하니라

잠언 28:1

실제 쫓아오는 사람이 없어도 악인은 도망갑니다. 마음이 도망한다는 것은 마음이 만나고 있는 현실, 실제가 있다는 것입니다. 현실적으로 아무 일이 없는데, 누구에게 붙잡히면 죽는다는 그 마음이 실제로 마음에 있기 때문에 도망가는 것입니다.

심각하게 들어야 합니다. 여러분의 자녀가 여러분의 눈밖에서, 여러분의 귀밖에서 하는 일들을 속속들이 다 알고 있다면 여러분은 못 삽니다. 실제입니다. 그런데도 왜 견딜까요? "내 아이는 괜찮을 거야" 하는 마음이 있기 때문입니다. 부모가 그린 그림 때문에 그 부모는 안심합니다. 여러 사실 중에 마음에 들어온 사실이 현실 되기도 하지만, 사실이 아닌 것도 마음에 들어오면 현실 됩니다. 그래서 마음을 살펴봐야 합니다. "이 녀석 성적이 이렇게 떨어졌네, 이렇게 생활하고 있네, 앞으로 세 끼 밥이나 먹을 수 있겠어?" 우리는 우리 마음에서 그려낸 그림을 현실처럼 여기면서 살고 있습니다.

"돈이 없으면 망해" 이것은 우리가 그려낸 그림입니다. 믿음의 세계에서는 죽지 않습니다. 역전되는 사람 많습니다. 자식이 공부 못해도 다 죽는 것은 아닙니다. 내가 그려낸 그림 때문에 전전긍긍하는 경우가 너무 많습니다.

누군가 인사를 안 하고 지나가면, 우리는 벌써 무언가를 마음에서 그려냅니다. 마음에 그려낸 것이 현실됩니다. 주님과 맞닿아 있는 것이 진짜입니다. 모면하기 위해 하는 것이 아닙니다. 주님의 생각이 들어와 일어나는 놀라운 역사를 경험하셔야 합니다. 그래서 믿음의 경험이 중요합니다.

저는 성전을 볼 때마다 감격이 있습니다. 일상에서 힘들고 어렵다 하더라도, 성전만 들어오면 감격이 있습니다. 교회에 사람이 없을수록 저는 좋습니다. 어느 토요일, 사람들이 일찍 돌아가서 교회로 급히 들어와 가방을 멘 채로 교회 여기저기를 돌며 감사했습니다.

김강호 선교사님이 오셔서 산하가 누구냐고 여쭤보셨습니다. 책을 봤는데 산하가 너무 궁금하다고 하셨습니다. 산하가 4살 때, 교회 옆 시궁창에 굴러 떨어졌습니다. 생활오수가 흐르는 시궁창 돌 사이로 머리가 박혔습니다. 그때 마침 어떤 사람이 길을 잘못 들어 산하를 꺼내주고 사라졌습니다. 산하는 병원에 가서 치료를 받았고, 누가 구했는지는 몰랐습니다.

1년 뒤 아내와 함께 어떤 고깃집에 갔는데 주인장 인상이 불량스러웠습니다. 그런데 하나님께서 그분을 향한 애통함을 주셨습니다. 하나님께서 전도하라고 하셨습니다. 저는 하나님의 그 감동을 갖고, 저 사람을 어떻게 전도할까, 하고 생각하는데, 그런 생각을 할 때마다 산하 부모가 떠올랐습니다. 그래서 그 집사님 부부에게 그 고깃집에 가서 전도하라고 했고, 그 부부가 순종했습니다. 그 부부가 그 식당에 가서 고기를 시켜 먹다가 이런 저런 이야기를 하다보니, 그 주인장이 산하를 구해줬던 사람이었다는 것을 알게 되었습니다. 제가 하나님의 마음을, 하나님의 섭리를, 하나님의 뜻을 알아들었습니다. 하나님과 관계 속에서 축적되는 것이 분별입니다. 감정대로, 기분대로 하는 것이 아니고, 뜨겁다고 하는 것이 아닙니다. 영적 분별은 쌓이는 것입니다. 이렇게 될 때 이렇게 응답하셨어, 하는 것이 축적되면서 분별됩니다. 그래서 힘듦, 어려움, 기쁨이 내 안에 있을 때, 하나님이 내 마음에 있을 때, 무엇이 현실 되어 있는지를 알게 되는 것입니다. 하나님께서 1년 뒤에 역사하셔서 그분들을 만나게 하셨습니다. 하나님 당신을 더 알아가라는 하나님의 사랑이었습니다.

마음에서 일렁이는 것을 압니다. 격해지거나 미워지거나 하는 것은 하나님께 속한 마음이 아니라는 것을 압니다. 하나님께서 마음 가운데 함께하고 있는 그 현실이 무엇인지 일깨워지기를 축복합니다.

속함의 부분은 하나님이 마음에서 현실된 것입니다. 하나님께서 우리 지성, 감정, 의지를 일깨워서 우리를 움직여 가십니다. 말씀 따라가는 것이 그것입니다. 견디는 신앙이었는데 주님이 현실되니까 견디는 것이 아니라 감사가 나오기 시작합니다. 옳음에도 불구하고 아니라는 감정이 올라오면 저는 거부합니다. 오랫동안 기도하면서 뿌리칩니다. 무엇이 현실되었는지 보셔야 합니다. 현실된 것이 십자가 생활화 상태입니다. 그 상태가 주님이 함께하시는 것입니다.

저의 재정관이 있습니다. 저는 금욕주의자가 아닙니다. 그럼에도 금욕주의를 지향합니다. 어떤 운동을 벌여서 여러분의 동의를 끌어내려고 하는 것도 아닙니다. 제 재정관을 따라오려고 하지 마십시오. 그러나 감동이 되면 닮아가시기를 바랍니다. 주님께 마음을 비추어보십시오.

2030년대가 되면 지금 60대 목사님들이 은퇴합니다. 교계에는 60대 목사님들이 가장 많습니다. 17년이 지나면 목사님의 45%가 줄어듭니다. 그때가 되면 교회에 말씀을 증거할 주의 종들이 없어지게 됩니다. 한 목사님이 순회하면서 설교할 때가 옵니다. 저는 여러분이 목사님을 주님의 마음으로 받들기를 원합니다. 저는 교회에 해가 되는 일들에는 목숨을 걸고

싸울 것입니다. 그런 심정으로 말씀드립니다.

　20-20 규칙이 있습니다. 수입의 20%를 남기지 않고 수입의 20%를 빚지지 않는 것입니다. 총 수입의 20% 이상을 남기면 안 됩니다. 또 수입의 20% 이상을 빚지면 안 됩니다. 주님만 남는 인생, 주남인! 그냥 나온 이야기가 아닙니다. 제가 죽었을 때 무엇이 남는지 보면 압니다. 한국 교회가 어려워진 이유가 있습니다. 본질 아닌 것에 휩쓸려서, 무엇이 현실된 것인지 알지 못하기 때문입니다. 저희 부부는 죽을 때 자녀에게 집 남기지 않습니다. 자녀에게 남기는 것은 하나도 없을 것입니다. 하나님께서는 교회를 통해 목사를 지켜주십니다. 목사는 교회가 책임지는 것입니다. 개인이 책임지는 것이 아닙니다. 교회는 목사님 부부에게 교회 이름으로 전셋집을 얻어줘야 합니다. 죽으면 교회가 다시 가져갑니다. 수천 권의 책은 교회에 기증할 것입니다. 이불 몇 채와 옷들만 남을 것입니다. 저는 이 아름다운 전통이 남기를 바랍니다. 각색되지 않고 오염되지 않기를 바랍니다. 한국 교회가 그것 때문에 시끄러운데, 교회는 하나님의 마음으로 목사를 책임져야 합니다. 저는 자녀에게 물질을 남기지 않습니다. 실제 하나님께서 원하시는 것, 주님만 남는 인생입니다. 이 실천적인 영역이 실제가 됐으면 좋겠습니다. 자본주의 사회에서 이것을 강요하거나 운동을 벌이

지는 않지만, 이 좋은 전통이 퇴색되는 것은 보기 어렵습니다. 저, 집 남기고 싶지 않습니다. 재산 남기고 싶지 않습니다. 제 마음에 주님이 사실 되고 현실 되어서, 주님이 어떻게 역사하시는지 바라보고, 주님만 남는 인생 되고 싶습니다! 그 진정성이 여러분에게도 일어나기를 예수님의 이름으로 축복합니다.

에필로그

컨테이너생활 10년 차 막바지에 신체적으로 힘들었는데, 몇 사람이 동일한 꿈을 꾸었습니다. 제가 컨테이너 안에서 땀을 흘리는 꿈이었습니다. 저는 그 꿈들을 하나님의 마음으로 받았습니다. 제가 못 알아들으니까, 하나님께서 고드 화이트 목사님, 한 장로님을 통해 역사하시기 시작하셨습니다. 저에게 충심으로 잘하는 사람 많습니다. 제가 은퇴하면 집을 설계해 지어주겠다고도 합니다. 그런데 목사는 교회가 책임져 주는 것입니다. 목사에게 남는 것은 주님만 남아야 합니다. 그 좋은 전통이 퇴색되지 않게 기도해 주셔야 합니다. 주님만 현실 되어야 합니다. 그 은혜가 깊이 임해서 내 마음에 맞닿아 있는 것이 무엇인지, 내 마음이 노래하고 있는 것이 무엇인지 깊이 깨닫는 여러분 되기를 예수님의 이름으로 축복합니다.

히브리서 11:6
믿음이 없이는 하나님을 기쁘시게 하지 못하나니 하나님께 나아가는 자는 반드시 그가 계신 것과 또한 그가 자기를 찾는 자들에게 상 주시는 이심을 믿어야 할지니라

4

십자가 생활화는 영의식이다!

히브리서 11:6

하나님을 의식하게 하는 것이 설교 목적입니다. 우리는 많은 것을 의식하며 삽니다. 의식하려고 해서 의식하는 것이 있고 무의식 가운데도 의식할 수밖에 없는 것이 있습니다. 타락한 우리는 하나님을 의식할 수 있는 영이 죽었습니다. 오늘 말씀을 통해 영의식이 되살아나서 하나님을 볼 수 있는 실마리가 열려서, 하나님을 바라보는 영광스러움이 있기를 축복합니다. 영의식이란 하나님이 계심을 선명하게 보는 것입니다. 믿음의 사람 대다수는 하나님의 계심을 알아차리지 못합니다. 하나님이 계신 것을 아는 사람이 드뭅니다. 영의식이 열렸다는 것은 하나님의 계심을 알아차렸다는 뜻입니다. 하나님의 계심이 실제가 되면 하나님을 상대하게 됩니다. 그런데 우리는 상황, 여건, 사람, 미래를 상대합니다. 그러나 하나님의 존재가 믿겨지고, 영의식이 열리면 하나님을 상대합니다. 그런 사람으로 우뚝 서게 하는 것이 오늘 설교의 목적입니다.

목양 사역팀과 경건회를 하면서 잠언 6장을 살펴보는데 하나님의 기쁨과 영광이 임했습니다. 잠언 6장은 보증, 개미, 간음에 대해 이야기합니다. 하나님이 싫어하시는 예닐곱 가지가 나옵니다. 주님 안에서 보면 잠언 말씀은 다 연결돼 있습니다. 잠언은 지혜서입니다. 우리가 생각하는 지혜가 아닙니다. 잠언에서 말하는 지혜는 누가 의인인지 알아보는 것입니다. 이것이 의인의 삶이구나, 하고 알아보는 것이 지혜라는 것입니다. 잠언에는 두 줄기가 있습니다. 1장 7절, 하나님을 경외하는 것은 지식과 지혜의 근본이라고 합니다. 미련한 자는 지혜와 훈계를 멸시한다고 합니다. 그리고 잠언 4장 23절, 모든 지킬 만한 것 중에 더욱 네 마음을 지키라 생명의 근원이 이에서 남이니라. 생명의 근원이 마음에서 난다고 합니다. 생명의 근원은 하나님을 경외하는 경외심입니다. 마음에서 하나님이 줄어들까 봐 두려워하는 것이 경외감입니다. 우리는 돈이 줄어들고 건강이 어려워지면 두려워합니다. 성공할 수 없을 것 같으면 두려워합니다. 그런데 경외감은 마음에서 하나님이 줄어들까 봐 두려워하는 것입니다. 잠언에서 이야기하는 지혜는 우리가 생각하는 지혜와 다릅니다. 하나님이 어떠한 분인지 알아차리고 우리 마음을 주님께 드리고 우리 마음이 온통 주님께 가게 하는 것을 보는 것이 지혜입니다.

잠언 6장은 보증 선 것을 취소하라고 이야기합니다. 삶에서 건강하고 복되게 살라고, 삶에서 탈 나지 말라고 주신 말씀인 줄 알지만 그런 뜻이 아닙니다. 보증에는 하나님의 지혜가 담겨 있습니다. 개미에게 지혜를 배우라고 합니다. 그런 말씀을 들으면, 게으르지 말고 이렇게 이렇게 해야 한다고 생각하기 쉽습니다. 하지만 잠언은 그런 뜻이 아닙니다. 개미가 무슨 지혜가 있겠습니까? 개미가 지혜가 있다면 개미가 여러분의 자녀를 양육해야 할 것입니다. 여왕개미가 있고 개미들에게는 질서가 있어서 열심히 일하면 잘 산다는 그런 이야기가 아닙니다.

솔로몬의 어머니는 밧세바입니다. 밧세바에서 나온 첫 아들이 죽고 둘째가 솔로몬입니다. 아가서 6장 8절을 보면 솔로몬의 상황이 나옵니다. 왕비가 60명, 후궁이 80명, 시녀는 무수히 많았습니다. 술람미 여인이 그런 것들을 보고 삐쳤다가 다시 솔로몬을 찾게 되는 상황이 아가서에 나옵니다. 여인이 천 명이면 행복할까요, 불행할까요? 솔로몬은 수많은 여인들을 통해 듣는 것이 많았습니다. 믿음의 사람이 아니었습니다.

육신을 가진 사람은 무엇을 보느냐가 중요합니다. 솔로몬의 말년은 어려웠고 험악했습니다. 할 수 없이 듣고 보고 만졌다 하더라도 십자가에서 처리할 수 있어야 합니다. 십자가에서 처리하는 능력이 터득되기를 축복합니다.

개미에게 지혜를 배우라는 뜻은 무엇일까요? 개미는 아침부터 저녁까지 움직입니다. 정해진 질서 안에서 바쁘게 움직입니다. 개미가 지혜롭기 때문이 아니라 하나님께서 개미에게 심어놓으신 본성 때문입니다. 지혜란, 하나님께서 각자에게 심어놓으신 본성대로 움직이는 것입니다. 보는 것이 많고, 사회적으로 합의된 가치가 있지만, 그것으로 움직이는 것이 아니라, 각자에게 영이 열려서, 하나님의 마음이 열려서, 주님께서 심어놓으신 본성대로 사는 것이 본분이요 지혜요 생명인 것입니다. 하나님께서 여러분에게 심어놓으신 것이 보이는 역사가 있어야 합니다. 하나님께서 우리에게 심어놓으신 것을 알아차리는 것은 지혜입니다. 혜안이 열려 상황을 헤쳐나가는 것이 지혜가 아닙니다. 그것은 원형이 아닙니다.

하나님을 만난 사람, 하나님과 마주하는 사람, 하나님을 상대하는 사람, 그래서 하나님의 뜻과 생각과 감정이 임해서 하나님을 알아차리는 사람들! 그런 사람들은 히브리서 11장 6

절 말씀에 나옵니다.

> 믿음이 없이는 하나님을 기쁘시게 하지 못하나니 하나님께 나아가는 자는 반드시 그가 계신 것과 또한 그가 자기를 찾는 자들에게 상 주시는 이심을 믿어야 할지니라 히브리서 11:6

이 말씀을 암송할 때, 우리에게 기대치가 있습니다. '하나님을 찾는 자들에게 하나님께서 상 주신대! 우와! 어떤 상을 주실까!' 보통 그런 기대를 하면서 암송합니다. 그러나 말씀을 찬찬히 살펴서 하늘의 지혜가 열려야 합니다. 믿음이 하나님을 움직이게 하고 기쁘시게 합니다. 나 때문에 하나님이 기쁜가, 그것이 선명하지 않다면 믿음을 살펴 봐야 합니다. 지옥갈까, 혼날까, 불안한 마음이 남아 있다면, 어떤 행동을 고치기 전에, 믿음을 먼저 살펴보셔야 합니다. 그래서 우리 믿음이 하나님이 기뻐 여겨주시는 믿음 되게 해달라고 구하셔야 합니다.

무엇이 우리를 기쁘게 하는가! 그리고 우리는 무엇으로 기뻐하려고 하는지를 살펴봐야 합니다. 믿음이 있어야 하나님을 기쁘시게 합니다. 그래서 하나님을 기뻐하게 하는 믿음이 있어야 한다고 결론내야 합니다. 설교 잘하고 목사의 직임을 잘 감당해서 사람들이 저를 존경한다 해도 저에게 하나님이 기뻐하시는 믿음이 없다면 허상입니다. 주님을 바라보는 믿음이 참이어야 제 믿음은 하늘의 기쁨이 됩니다. 그때 하나님께서 기뻐서 어쩔 줄 몰라 하시며, "너에게 무엇을 줄까, 받고 싶은 게 있니", 하시는 하나님의 마음을 받을 수 있어야 합니다.

하나님께 나아가는 자는 반드시 그가 계신 것과 또한 그가 자기를 찾는 자들에게 상 주시는 이심을 믿어야 합니다. '반드시'입니다. 하나님께 나아가는 자는 반드시 그가 계신 것을 믿어야 합니다. 그런데 이 말씀의 앞뒤가 맞습니까? 이 말씀은 하나님께 나아가는데 하나님이 계시는 것을 믿지 않고 나아갈 수 있다는 말이기도 합니다. 하나님이 거기에 계신 것을 믿지 않고 나아가는 사람이 많다는 이야기입니다. 저는 이런 사람을 교회에서도 일상적으로 봅니다. 그래서 히브리서는 아벨, 에녹, 아브라함의 예를 듭니다. 하나님께 나아가는데 하나님이 거기 계시다는 것을 믿었던 인물들입니다. 그 외의 사람들은 하나님을 알았지만, 하나님께 나아가는 것 같았지만, 실상 하나님이 계신 것을 믿지 못했습니다. 하나님이 계신 것을 믿지 않고 나아가는 예를 들겠습니다. 아이가 배고파서 어머니께 나아갔습니다. 그런데 어머니가 앞에 있어도 휴대폰만 들고 밥 먹고 있습니다. 실상 어머니가 있는지 없는지 못 느낍니다. 휴대폰에 잡혀 있는 것입니다.

하나님께 나아갈 때는 대부분 안 좋을 때 나아갑니다. 새벽예배에 안 나오던 분이 갑자기 나오면 뭔가 문제가 생긴 것입니다. 문제를 해결하기 위해서 새벽예배에 나오는 것입니다. 재정 문제가 생기면 정말 어려워합니다. 건강에 이상이 생기면 정말 어려워합니다. 믿음의 사람은 그럴 때 대부분 하나님께 나아갑니다. 그런데, 문제의 '계심'은 믿는데 하나님의 '계심'은 믿지 않습니다. 하나님께 나아가서 문제만 이야기합니다. 실제 하나님이 계심은 믿지 않습니다. 하나님께 나왔다면 하나님을 주목해야 하는데, 우리는 하나님께 '알았어요, 하나님 잠시만 기다려 주세요' 하는 식으로 반응합니다. 문제를 주목하고 문제만 이야기하기 때문입니다. 하나님을 만난다는 것은 하나님을 상대하는 것입니다. '문제야, 잠시만 기다려봐, 나 하나님 먼저 만나고. 문제, 너 자꾸 염려를 나에게 주려고 하는데 가만 있어, 나 하나님 먼저 만날 거야.' 그것이 하나님이 계심을 믿고 하나님을 상대하는 것입니다. 하나님께서는 우리들에게 '너희들, 나에게 나오는데 나의 존재를 믿니? 그렇다면 나를 바라보고 나를 상대해야지, 너는 문제만 상대하잖니, 그것은 믿음이 아니란다, 믿음이란 내가 있는 것을 믿는 것이란다, 그리고 나를 상대하는 것이란다.'

21 다시 이르시되 내가 가리니 너희가 나를 찾다가 너희 죄 가운데서 죽겠고 내가 가는 곳에는 너희가 오지 못하리라 22 유대인들이 이르되 그가 말하기를 내가 가는 곳에는 너희가 오지 못하리라 하니 그가 자결하려는가 23 예수께서 이르시되 너희는 아래에서 났고 나는 위에서 났으며 너희는 이 세상에 속하였고 나는 이 세상에 속하지 아니하였느니라 24 그러므로 내가 너희에게 말하기를 너희가 너희 죄 가운데서 죽으리라 하였노라 너희가 만일 내가 그인 줄 믿지 아니하면 너희 죄 가운데서 죽으리라 요한복음 8:21-24

21절 보면, 우리가 하나님을 찾다가 죄 가운데 죽는다고 말씀합니다. 예수님이 가시는 곳에 우리는 가지 못할 것이라고 하십니다. 예수님을 따라가면 도달되는 지점이 있습니다. 예수님께서는 이 땅에 오셔서, 유년을 보내고, 때가 되었을 때 공적인 삶, 공생애를 사십니다. 공생애 기간 동안 치유하시고 선포하시고 가르치셨습니다. 수많은 사람들이 예수님께 모여들었습니다. 그런데 문제 해결을 위해 모였습니다. 이 땅의 어려운 문제를 해결하기 위해 구원자를 찾은 것입니다. 그러나 십자가에서 예수님이 죽자 수많은 사람이 떠납니다. 주님은 다시 부활하셨습니다. 부활하신 예수님은 이 땅에서 무언가를 이루지 않으십니다. 하늘로 가십니다. 승천하십니다. 그것은 곧 출세상입니다. 출애굽입니다. 주님을 따라가면 반드시 출세상이 따라옵니다. 예수님이 가시는 곳에 우리가 못 간다는 말씀은, 우리가 출세상하지 않고 문제를 해결하기 위해서 주님을 찾았기에 결국 하나님을 찾지 못하고 죄 가운데 죽는다는 뜻입니다. 주님을 찾는 사람들, 주님을 바라보는 사람들, 주님 만나기를 원하는 사람들은 그가 계시는 것을 믿고, 그의 영광을 깊이 깨닫게 됩니다.

고난 주간에 찬송가 150장을 불렀습니다. 저는 십자가를 찬양하면 너무 좋습니다. 십자가 정서에 맞지 않아 보이는 하늘의 기쁨이 임합니다.

♬ 갈보리 산 위에 십자가 섰으니
　주가 고난을 당한 표라 ♬

고난을 보면 슬픔이 아니라 기쁨부터 임합니다. 물론 처절하게 내 죄가 얼마나 크면, 주님이 죽으셔야 했나, 그 아픔도 느끼지만 이제 그 아픔은 떠나간 것 같습니다. 영광입니다. 후렴은 이렇습니다.

♬ 최후 승리를 얻기까지
　주의 십자가 사랑하리 ♬

이것은 단순한 가사가 아닙니다. 여러분, 왜 십자가를 사랑하세요? 왜요? 왜 사랑까지 하십니까? 필요 정도 느끼고, 고마움 정도면 안 될까요? 그런데 사랑한다고 합니다. 사랑은 오직 하나입니다. 둘을 사랑하면 큰일납니다. 왜 십자가를 사랑합니까, 하고 물으면 보통 구원해 주셨으니까! 죄 사함받았잖아요! 하고 대답합니다. 그 정도로는 안 됩니다. 사도 바울이 십자가 외에 자랑하지 않는다고 말한 이유가 있습니다. 십자가를 통해서만 하나님을 만나기 때문입니다. 하나님을 만나기 때문에 구원 받는 것입니다. 하나님을 만나기 때문에 죄 사함을 받는 것입니다. 하나님을 만나는 것은 그 어떤 것으로도 대체할 수 없기 때문에, 이 땅에서 이룬 모든 것을 다 합쳐도 그것으로는 하나님을 만날 수 없기 때문에, 오직 십자가에서만 하나님을 만날 수 있기 때문에! 가장 큰 대기업을 다 합쳐도 천국에서 앉을 수 있는 의자 하나 살 수 있을까요? 잘 나가는 신생 기업, 방송국 다 합해도, 미국과 중국을 다 합해도 천국에 앉을 의자 하나 살 수 없습니다. 그래서 사도 바울은 모든 것을 배설물로 여긴 것입니다.

♪ 최후 승리 얻기까지 주의 십자가 사랑하리
　빛난 면류관 받기까지 험한 십자가 붙들겠네 ♪

십자가를 사랑한다고 했는데 왜 험한 십자가를 붙들어야 할까요? 세상 가치와 충돌하기 때문입니다. 세상 가치와 충돌하는 사람들은, "문제야 너 가만 있어봐, 나 하나님부터 만나고." 이 가치가 깨지면 죽을 것 같고 이것이 부족하면 죽을 것 같은데, "가만히 있어봐, 나 안 죽어! 하나님부터 만나고!" 이것이 험한 십자가를 붙드는 것입니다.

하나님은 그런 마음을 가진 사람들에게 상 주시는 이심을 믿어야 합니다. 상은 받으면 좋습니다. 하나님께 상 받기를 축복합니다. 그런데 어떤 상을 받으면 좋으십니까? 딱 한 건만! 마지막으로 이것만! 이만큼만! 누구나 그런 게 있지 않습니까? 솔직하게 어떤 상을 받기 원하십니까? 어떤 상이 최고일까요? 진심으로 묻습니다.

가장 큰 상은 하나님 당신 자신입니다. 이게 실감나지 않는 분들이 많습니다. 그가 계신 것을 경험하지 못했기 때문입니다. 그가 계신 것을 경험하고 하나님을 상대하기 시작하면 따라오는 것이 무엇일까요? 사도 바울이 이해되는 것이 아니라 사도 바울이 그냥 되어버립니다. 하나님을 받기 시작하면, 하나님을 상대하는 과정에서 창조주 하나님이 깨달아집니다. 실제 우리 삶에 오십니다. 창조주 하나님이 우리를 창조하셨다는 것이 깨달아집니다. 창조주 하나님이 실재 되고, 우리를 만드신 것이 믿겨집니다. 그때 비로소 주님의 사랑이 깨달아집니다. 우리를 만드신 하나님께서 견딜 수 없이 우리가 좋으셔서 사랑을 부어주시기 시작하시는데, 당신의 아들 예수를 저주와 죽음으로 밀어 넣기까지 우리를 사랑하신다는 것이 믿겨집니다. 그 사랑이 깨달아지면, 원형이 회복됩니다. 본래의 모습이 회복됩니다. 구비된 하나님의 생각과 계획이 깨달아집니다. 그래서 사도바울은 세상의 것을 배설물로 여긴 것입니다. 닫혀 있던 영의식이 열렸을 때 하나님이 계신 것을 보고, 하나님을 상대함으로, 창조주 하나님이 우리를 사랑하시는 것이 실재 되어 원형이 회복되는 역사가 예수의 이름으로 가득할지어다.

에필로그

하나님께 나아가더라도 그분이 계신 것을 믿는 사람은 극히 드뭅니다. 그래서 에녹이 등장합니다. 바울이 등장합니다. 아브라함이 등장합니다. 그들이 희귀한 사람들이라고 말합니다. 그들은 하나님께 나아가면서 하나님이 계신 것을 믿었습니다. 그래서 이런저런 것이 문제가 안 되었습니다. 노아도 그랬습니다. 아브라함이 고향을 떠날 수 있었던 것도 마찬가지 이유입니다. 아벨이 돈도 되지 않는 양을 친 이유도 그랬습니다. 당시에는 고기를 먹지 않았기 때문에 양치는 일은 돈이 되지 않았습니다. 하나님께서 좋아하시는 제사 올려드리려고 양을 친 것입니다. 문제가 다가올 때 기다리라고 하십시오. 무시하십시오. 없는 것처럼 취급하라는 것이 아니라, 하나님 먼저 만나야 한다고 이야기하십시오. 문제가 먼저 있음을 인정하는 것은 하나님을 무시하는 것입니다. 무거움을 주든 갈등을 주든, 납작 엎드리십시오. 주님이 필요하다고 이야기하십시오. 십자가에서 죽는 내가 여기 있다고 이야기하며 하늘의 기쁨, 하늘의 영광이 원래 모습대로 회복되기를 예수님의 이름으로 축복합니다.

창세기 1:5, 8, 13, 19, 23, 31
5 하나님이 빛을 낮이라 부르시고 어둠을 밤이라 부르시니라 저녁이 되고 아침이 되니 이는 첫째 날이니라
8 하나님이 궁창을 하늘이라 부르시니라 저녁이 되고 아침이 되니 이는 둘째 날이니라
13 저녁이 되고 아침이 되니 이는 셋째 날이니라
19 저녁이 되고 아침이 되니 이는 넷째 날이니라
23 저녁이 되고 아침이 되니 이는 다섯째 날이니라
31 하나님이 지으신 그 모든 것을 보시니 보시기에 심히 좋았더라 저녁이 되고 아침이 되니 이는 여섯째 날이니라

5

십자가 생활화는
차원 다른 하루다!

창세기 1:5, 8, 13, 19, 23, 31

꽉 찬 하루를 살게 하는 것이 설교 목적입니다. 꽉 찬 하루를 살기 위해서 무엇이 필요한지 볼 것입니다. 꽉 찬 하루를 정확하게 정의하고, 그런 하루를 살아가야 합니다. 오늘 부제는 당부입니다. 하루를 잘 살기를 당부하고 싶습니다. 그러려면 전제가 있습니다. 하루라는 정의, 의미가 제대로 인식되어야 합니다. 그래야 하루를 잘 산다는 의미를 깨닫기 때문입니다.

하루를 잘 살려면 마음이 실려야 합니다. 마음이 따라가지 않는 하루는 없습니다. 마음을 제대로 쓰는 하루를 살아야 합니다. 마음은 정말 귀합니다. 위기를 몇 번 겪었는데, 외부에서 오는 위기는 위기가 아니었습니다. 정말 위기를 느낄 때는 내부로부터 올 때였습니다. 마음가짐으로부터 위기가 옵니다.

성경을 연구하고 묵상하고 깨달음이 있어서 앎의 지평이 넓어지고 체계화되고 조직화되면 그때 어김없이 판단이 들어옵니다. 판단이 되면 하나님에 대한 궁금증이 점점 엷어집니다. 하나님 앞에 있다는 '코람데오'의식이 점점 사라집니다. 예배가 무감각해집니다. 기쁨이 사라집니다. 가르칠 수는 있지만 사랑이 되지 않습니다. 그때 마음 가운데 "하나님! 이 마음에 기쁨 있어야 하니, 살려주십시오" 하고 기도할 때 간신히 회복되곤 했습니다. 하나님께 마음을 써야 합니다. 주님의 이름을 부르고, 주님의 이름으로 무엇을 할 때는 정말 마음이 실려야 합니다. 여러분의 마음이 주 앞에 가 있기를 바랍니다.

교회를 통해 마음에 대해 14년간 이야기했습니다. 우리의 마음은 하나님의 것입니다. 3차원의 존재는 4차원의 존재를 알 수 없습니다. 볼 수도 만질 수도 없습니다. 4차원에 계신 하나님께서 3차원에 있는 우리에게 당신을 계시하시려고, 당신이 사랑이고 능력이고 창조주이시라는 것을 보여주시려고, 우리 마음을 지으셨습니다. 그래서 중심을 보신다고 합니다. 그래서 우리에게 마음을 달라고 하십니다. 마음을 지켜야 한다고 하십니다. 잠언 4장 23절 말씀처럼 생명의 근원이 마음에서 난다고 하십니다. 그런데 우리는 우리 마음을 우리의 것으로 생각합니다.

세상 기준으로 볼 때 가장 가치가 큰 것은 마음입니다. 마음은 모든 가치를 다 담을 수 있기 때문입니다. 마음은 모든 것을 다 담습니다. 세상 기준으로 볼 때, 마음은 가장 비싼 것입니다. 그런데 그 비싼 마음을 우리는 우리 것이라고 우깁니다. 다른 사람의 것을 내 것이라고 우기면 도둑입니다. 규모가 클수록 가중처벌을 받습니다. 심해지면 파렴치범이라고 합니다. 마음이 내 것이라고 하는 것에 대해 죄의식도 없습니다. 가중처벌을 받아야 하는데 오히려 죄의식이 없다는 것이 놀랍습니다. 가장 값비싼 마음을 내 것이라고 여기는 것은 파렴치한 것입니다. 마음이 하나님의 것이라는 사실이 인정되니까, 마음을 내 것이라고 여기는 것이 죄라는 인식이 생깁니다. 그때부터 마음에 무엇이 담기는지 경계하게 되고 마음을 살피게 됩니다. 어쩌면 그렇게 마음에 죄를 담고 사는지, 어쩌면 그렇게 내 것이라고 주장하고 사는지! 우리는 불안할 때마다 마음이 오그라집니다. 마음이 내 것이니 내가 걱정하고 내가 염려합니다. 알고 보니 도둑 중에 상도둑, 파렴치범이었고, 죄인 중에 괴수라는 말이 딱 맞았습니다.

마음이 실린 하루는 무엇일까요? 창세기에는 우리 원형의 모습이 있습니다. 창조하실 때 6일로 구분하십니다. 굳이 그렇게 구분하실 필요가 없는데 왜 하루라는 개념을 갖고 창조하셨을까요? 하루를 만드실 때마다 추임새를 넣듯, 하나님께서는 '하나님 보시기에 참 좋다'고 하십니다. 하나님께서는 보시고, 생각하시고, 좋다 나쁘다를 판단하십니다. 그래서 두려움도 있습니다. 판단은 하나님의 고유 영역이라는 말씀이기도 하기 때문입니다.

첫째 날, 빛이 있으라고 말씀하셨습니다. 그리고 좋다고 하셨습니다. 둘째 날에는 궁창을 만드셨습니다. 그런데 보시기에 좋다는 말씀을 안 하셨습니다. 하늘 위의 물과 하늘 아래 물이 노아의 심판 때 터졌습니다. 그래서 둘째 날만큼은 좋다는 말씀을 빼신 것 같습니다. 천국에 가서 확인해 보셔야 합니다. 셋째 날에는 땅과 바다가 생겼습니다. 씨 맺는 채소를 만드셨습니다. 씨로 열매 맺는 나무를 만드셨습니다. 풀도 만드셨습니다. 넷째 날에는 광명체, 해와 달과 별을 만드셨습니다. 그때 1년, 계절을 만드신 것입니다. 그때 하나님의 때가 언제인지 알 수 있게 징조를 말씀하십니다. 다섯째 날에는 조류, 어류를 만드시고 여섯째 날 모든 짐승을 종류대로 만드시고 마지막에 사람을 만드셨습니다. 왜 날을 구분하셨을까요? 너무 쉬운 이야기입니다. 하나님께서는 한꺼번에 다 하실 수 있지만, 마지막 날 인간을 만드셨습니다. 하나님의 형상대로 당신의 속성을 불어넣어 만드셨습니다. 인간에게는 교제권이 주어진 것입니다. 하나님과 서로 맞장구치면서 사귈 수 있도록 인간을 지으신 것입니다.

하나님께서는 6일 것을 한번에 다 만드실 수 있음에도 나눠서 만드셨습니다. 그런데 그 하루하루가 다 꽉 차 있습니다. 당신의 형상대로 만드신 우리에게 하나님의 생각이 밀려와, 하나님의 뜻이 스며들어와, 우리와 함께 더불어 창조 사역을 하시려고 하루를 만드신 것입니다. 하나님께서는 꽉 차게 하루하루를 지으셨습니다. 하루는, 하나님께서 하십니다. 하나님께서 하나님의 형상을 닮은 인생들과 함께하시기 위해, 하루를 지으셨으니, 하루의 핵심은 하나님이 함께하고 있느냐! 하는 것입니다. 하나님께서 만드셨고 구분했습니다. 만드실 때마다 하나님의 감흥이 나옵니다. 하나님 보시기에 좋다! 하루의 또 하나의 핵심은, 하나님의 만족이 있어야 한다는 것입니다. 하루의 기준은 무엇인가? 하루의 의미는 곧, 하나님의 일하심이 있는가, 하나님의 만족이 있는가! 이 두 가지가 있어야 한다는 뜻입니다.

그러나 우리는 교제권을 잃어버려서 우리가 해야 하고, 우리가 만족해야 합니다. 그 하루는 하루가 아닙니다. 우리에게 중요한 하루가 되려면, 하나님이 함께하셔야 하고 하나님의 만족이 있어야 합니다. 임마누엘, 함께하시는 하나님! 예수님이 이 땅에 오셨는데 그 이름이 임마누엘이라고 하십니다. 하나님께서 함께해야 한다고 말씀하십니다.

제가 지옥을 경험한 단어가 불법이었습니다. 귀신을 내어쫓고, 말씀을 증거하고, 병을 고쳤지만 다 불법이라고 하셨습니다. 하나님의 그 음성이 제 존재를 바꾸었습니다. 주님을 찾을 수 없어서 낙망하고 낙망할 때 하나님께서 일깨워주셨습니다. 하나님이 함께하지 않음에도 하나님의 일을 하는 것이 불법입니다. 그 불법으로는 하나님 나라를 갈 수 없습니다. 직분이 있고 예배를 드렸다고 해서 하나님이 인정하시는 것이 아닙니다. 제가 수천 명의 장로님과 권사님들 앞에서 설교하고, 목사님들 모아서 세미나 했지만 하나님께서는 저를 모른다고 하시고 그것은 불법이라고 하셨습니다.

이스라엘 백성들에게 젖과 꿀이 흐르는 가나안 땅으로 가게 하시겠다고 하나님께서 약속하셨습니다. 그런데 백성들의 마음 씀씀이가 엉망진창입니다. 믿음 생활을 하는 것 같고 하나님을 부르는 것 같지만 실제로는 하나님이 아니라 다른 것을 불렀습니다. 하나님 보시기에 역겨웠습니다.

> 너희를 젖과 꿀이 흐르는 땅에 이르게 하려니와 나는 너희와 함께 올라가지 아니하리니 너희는 목이 곧은 백성인즉 내가 길에서 너희를 진멸할까 염려함이니라 하시니 **출애굽기 33:3**

하나님께서 약속하셨기에 가나안 땅을 주시기는 하지만 함께 들어가지 않으신다고 합니다.

> 그러나 야곱아 너는 나를 부르지 아니하였고 이스라엘아 너는 나를 괴롭게 여겼으며 **이사야 43:22**

하나님의 이름을 불렀지만 실상 하나님을 부른 것이 아니라고 하십니다. 교회가 근사하게 보여서 외형적으로 부흥했다고 해도, 하나님께서 함께하지 않으신다면 어떻게 됩니까? 성령이 없어도 여러분의 마음을 살 수 있습니다. 분별하셔야 합니다. 찬양 시원하게 잘하고 교회 밖에 나오자마자 주차 잘못했다고 험한 말을 합니다. 그것은 부흥이 아닙니다. 예수를 믿는다고 하니 허락된 삶의 자리, 삶의 영역이 있습니다. 그러나 그 자리에 하나님께서 동행하지 않으시면 저주입니다. 하나님께서 허락하신 목회가 하나님께서 함께하지 않으시는데도 부흥한다면 저주입니다. 하나님이 함께하지 않으시는 것을 모를 수 있기 때문입니다. 하나님께서 함께하지 않으신다면 오히려 폭삭 망하는 것이 사랑의 증거라고 생각합니다.

하루는 함께함, 임마누엘을 보는 것입니다. 기도할 때 우리의 관심사가, "하나님! 허락해주세요, 하나님! 사인 좀 해주세요. 하나님! 이것이 가능하다고 말씀 좀 해주세요!" 온통 그런 기도 아닙니까? 그것이 하나님의 뜻입니까? 하나님께서 허락하셨습니까? 허락한 사안에 하나님이 동행하시는가! 그것이 중요합니다. 꽉 찬 하루를 살라고 우리는 하루를 받았습니다. 하나님이 동행하지 않으시고 하나님께서 함께하지 않으시면 그것은 하루가 아닙니다. 수고하고 무거운 짐 진 자들아 다 내게로 오라 나는 온유하고 겸손하니 내게 와서 배우라고 하십니다. 예수님과 함께 있다면 하나님의 마음이 스며듭니다. 주님과 함께 있으면 주님의 생각이 들어옵니다. 주님과 함께 있으면, 우기다가도 돌이킵니다. 돌이키게 되어 감사하게 되는 것이 믿음의 길입니다. 주님과 함께 있게 되면 결국 우리의 존재가 바뀝니다. "제가 주님의 기쁨 되길 원합니다!" 진짜입니다. 주님과 함께 있을수록, 그 마음이 깊이 들어옵니다. 그때 어떤 소리가 나옵니까? "주님 하세요~ 주님 해주세요~ 주님 앞서 가주세요, 저 따라갈게요~ 저 좀 이끌어주세요~ 주님의 뜻과 생각으로 저 좀 채워주세요~" 하나님의 만족이 남습니다. 하나님이 하시는가, 하나님의 만족이 있는가! 그것을 살펴야 합니다. 우리는 하루종일 우리의 생각으로, 하나님께 허락받고 무엇이 이루어져서 만족되면 하나님이 하셨습니다! 하고 말하지 않습니까? 저주 받은 존재입니다. 하나님께서 허락하셨지만 동행하지 않으신다면, 그 허락한 내용이 하나님이 함께한 내용이라고 우기는 것은 주님이 주신 하루를 사는 삶이 아닙니다. 하나님의 만족이 있고, 하나님의 하심을 보는 하루를 살면! 천년을 살아도 그런 하루가 없다면 우리는 단 하루도 살 수 없는 인생입니다.

> 우리의 연수가 칠십이요 강건하면 팔십이라도 그 연수의 자랑은 수고와 슬픔뿐이요 신속히 가니 우리가 날아가나이다 **시편 90:10**

시편 90편은 모세의 시편입니다. 연수를 자랑한다고 합니다. 무언가 이루어졌다면 거기에는 우리의 수고와 눈물과 슬픔과 아픔이 담겨 있습니다. 무언가 극복했고 이루어낸 것입니다. 그러나 거기에 하나님이 함께하심이 없으면 헛것입니다. 무언가를 이루었어! 한 민족을 구했어! 나라를 구했어! 그러나 하나님의 함께하심이 없고, 하나님의 만족이 없다면 하루는 아닙니다. 주님만 남는다는 것은 그 하루가 계산된다는 말씀입니다. 그 하루가 계산되지 않으면 남는 것이 없습니다. 곧 지옥에 간다는 것입니다. 주님의 사람이 아니라는 것입니다.

섬뜩했습니다. 그리고 기뻤습니다. "내가 어떤 날을 살아온 거지?" 하고 섬뜩할 수 있습니다. 그리고 "주님이 한 날 한 날 함께하실 수 있다고 웅변하시는구나! 한 날 한 날 만족하신다고 큰 음성으로 말씀하시는구나! 주님의 의지가 크게 담겨 있구나! 나는 주님만 바라보며 순종하면 되겠구나!" 그래서 기쁨이 일어납니다. 선한 믿음의 선순환이 일어나기를 축복합니다.

그 하루가 성립될 수 있는 요소를 보여주셨습니다. 저녁이 되고 아침이 되니! 우리는 아침 점심 저녁 순으로 하루를 생각합니다. 그런데 성경은 저녁이 되고 아침이 됩니다. 저녁 때는 쉰다, 일을 마쳤다는 개념이 담겨 있습니다. 하나님의 하루가 성립되려면 그 개념이 있어야 합니다. 하나님께서 함께하신다! 하나님께서 만족하신다! 하나님과 함께 안식하는가! 이것이 중요합니다. 제가 당부하고 싶은 것이 이것입니다. 어떤 일이든, 어떤 믿음의 행위라 하더라도, 이 하루를 확인해야 합니다. 마음을 실어서 먼저 저녁이 되어야 합니다. 하나님과 함께 안식해야 합니다. 시간적인 개념을 이야기하는 것이 아닙니다. 어떤 일이든 어떤 상황이든 어떤 환경이든, 출발하기 전에 반드시 하나님과 먼저 함께 있어야 한다는 것입니다. 월요일에 출근 전쟁 하더라도, 그 전에 먼저 하나님과 관계를 가져야 합니다. "주님, 이 상황을 십자가에 넘기고 내 마음은 주님께 가 있어야 합니다! 수많은 일들을 해야 하는 이 무게가 죽고, 제 마음은 하나님께 가 있어야 합니다!" 이것이 저녁이 되는 것입니다.

> 우리에게 우리 날 계수함을 가르치사 지혜로운 마음을 얻게 하소서
> **시편 90:12**

하루가 1일, 2일, 3일, 한 달, 두 달, 10년, 20년 하는 그런 날의 개념이 아닙니다. 그런 날 세는 것을 우리가 가르침 받아야 할까요? 그런데 '우리 날 계수함을 가르치사 지혜로운 마음을 달라'고 합니다. 주님의 사랑으로 가르침을 받고 지혜가 열려야 하루의 개념이 제대로 섭니다.

> 아침에 주의 인자하심이 우리를 만족하게 하사 우리를 일생 동안 즐겁고
> 기쁘게 하소서 **시편 90:14**

똑같은 말씀입니다. 저녁이 되고 아침이 되니 하는 말씀과 같은 말씀입니다. 아침은 준비하는 시간입니다. 준비할 때 만족함이 있으면 기대하는 시간이 됩니다. 아침에 주의 인자하심이 우리를 만족하게 한다고 합니다. 아침부터 만족하십니까? 보통은 속상하고 안절부절못하고 신경이 곤두서서 계획

하고 조직하는 것이 아침의 일과 아닙니까? 그런데 아침에 주의 인자하심이 우리를 만족하게 한다고 합니다. 즉, 아침에 주님을 바라보는 시간이 있다는 것입니다. 우리 마음이 문제로부터 떨어져나가 주님께 가는 것입니다.

맡긴다는 말을 원어로 보면 '골'입니다. 주님이 우리를 사랑하시기 때문에 우리가 할 수 없는 일을 주님께 맡기는 것은 맡기는 것이 아닙니다. '골' 즉, 굴린다는 것은, 산 위에서 그것을 굴려버리는 것입니다. 염려를 산 위에서 굴려버리면 우리 것이 아닙니다. 문제와 염려를 풀기 위해 주님을 부르는 것이 아니라, 우리 마음은 하나님께 가 있습니다! 하는 것이 맡기는 것입니다. 아침에 만족한 것은 마음이 하나님께 가 있었기 때문입니다. 하나님이 함께하면 돼, 하면서 문제를 부르는 마음을 십자가에서 처리하고, 마음이 주님께 온통 가 있어, 주님이 우리 마음을 사셔서, 주님과 함께 연합한 마음으로 하나님과 함께 가는 것입니다. 그 안에서 주님께서 감동 주시면 하는 것입니다. 하나님의 하심이 실제로 있을 때, 당신께서 함께 하셔서 만족하는 것이 하루입니다. 이 하루가 익어져야 합니다. 주님은 크신 하나님입니다. 우리를 향한 당신의 원래 계획이 있습니다. 주님께 맡겨도 안 죽습니다. 하늘의 평화가 밀려옵니다. 죽을 것 같은 교우들 있습니다. 참 답답하고 안쓰럽습니다.

그래도 우리가 믿는 분은 하나님입니다. 죽이지 않고 무너지지 않도록 이끄시는 분이 우리의 하나님이십니다.

아담과 하와가 짝을 이뤄 주님을 기뻐합니다. 가정에서 한 녀석이 잘못했다고 바로 형사처벌하지는 않습니다. 주님을 바라보라고 가정을 주셨다고 하는데 사실 원형은 그것이 아닙니다. 아담의 원래 짝은 하나님입니다. 또 아담의 갈비뼈를 취해 생기를 불어넣으셔서 하와를 만드셨습니다. 그렇게 하나님의 짝인 아담, 하나님의 짝인 하와가 서로 만난 것입니다. 부부가 틀어지면 먼저 하나님과 관계를 회복해야 합니다. 부부가 의기투합해서 되는 것이 아닙니다. 아담과 하와의 원래 짝은 하나님입니다. 그것이 원형입니다. 하나님과 짝을 이룬 사람이 하나님이 허락하신 결혼을 했을 때 "내 짝인 하나님께서 이것을 보여주셨어, 하나님의 만족이 이루어질 거야! 하나님의 만족이 없는 걸 하면 안 되잖아, 하나님께서 함께하시는 일들을 찾아가야지!" 그것이 짝인 우리가 할 일입니다.

원형에 대한 말씀을 듣게 되면, 그렇게 살고 싶어하는 사람이 많아집니다. 하나님과 짝이 되어야지, 하나님과 함께해야지! 그러나 안 됩니다. 하나님이 안 보이기 때문입니다. 하나님은 차원이 다른 곳에 계십니다. 원형만이 하나님을 알 수 있습니다. 우리는 타락해서 원형이 무너졌고 마음 안에 온갖 것이 다 담겨 있어서, 흑암의 나라에 있어서, 하나님을 볼 수 없습니다. 그래서 예수님이 오신 것입니다. 아름다우신 주님이 오신 것입니다. 주님을 따라가기만 해서 되는 것이 아닙니다. 하나님을 알아볼 수 있는 유일한 길은 예수님과 십자가에서 연합하는 길 외에는 없습니다. 우리 관심이 자녀에게 가 있는 것처럼. 아버지 하나님의 관심은 모두 십자가에 가 있습니다. 아버지의 뜻을 따르느라 처절하게 못 박혀 죽어간 십자가에 하나님의 관심이 다 가 있습니다. 그 십자가에서 우리가 예수님과 연합해 함께 있는 것입니다.

죄인인 우리가 거룩하신 하나님을 보면 지옥에 떨어집니다. 하나님을 봐도 사는 곳, 그것은 예수와 연합해 한 몸 되는 길 외에는 없습니다. 예수님과 연합한 것을 보고 칭의라고 합니다. 예수님과 연합한 우리를 보고 의롭다 여겨주시는 것입니다. 통찰 있는 목사라 하더라도 실제 예수님과 연합하여 죽은 현장이 있는가! 그것을 보시고 의롭다 여겨주시는 것입니다. 그렇다면 하나님과 짝을 이뤄, 그 하나님과 함께하고 그 하나님의 만족이 있느냐 하는 것은, 십자가를 통과하지 않고서는 절대 안 됩니다. 아침의 주의 인자하심으로 만족한다, 저녁이 되고 아침이 됐다! 그것은 십자가 연합함을 의미합니다. 십자가에서 연합함이 무엇보다 우선되는 실제됨을 구하기를 예수님의 이름으로 축복합니다. 그것이 되지 않고는 안 됩니다. 무언가 액션을 취하지 않으면 죽을 것 같은데, 그럼에도 전능하신 하나님을 믿기로 작정하셔야 합니다. 그 하나님을 경험하기로 작정하셔야 합니다.

에필로그

마음을 우리 것으로 주장하는 것은 죄입니다. 회개하고 복음을 믿으라고 성경은 이야기합니다. 복음부터 이야기하는 것이 아니라 회개부터 이야기합니다. 십자가에서 연합하는 것이 복음입니다. 그전에 회개해야 합니다. 마음을 우리 것이라고 주장한 것을 회개해야 합니다. 회개하지 않고 주님을 잘 믿는 것이 불법입니다. 회개해야 마음에서 기쁨이 올라옵니다. 회개하지 않고 예수님을 믿는다고 주장하는 것은 하나님께서 모르신다고 말씀합니다. 회개하셔야 합니다. 회개하면 기쁨의 원형이 들어옵니다. 회개가 깊어지면 얼굴이 맑아지고 기뻐집니다. 마음을 도둑질한 것은 파렴치범입니다. 그것부터 회개해야 합니다. 세상에서 가장 비싼 것을 우리 것이라고 주장하는 것은 대기업을 훔쳐가는 것보다 더 파렴치한 것입니다. 거듭난 것은 마음이 거듭난 것입니다. 거듭난 마음이 있는 몸을 그대로 사용하시는 예수님이십니다.

십자가
생활화가

6. 십자가 생활화가 **마음을 지혜롭게 한다!** 잠 23:15-17
7. 십자가 생활화가 **생활화가 왜 복음인가?** 시 27:4
8. 십자가 생활화가 **임의대로 살지 못하게 한다!** 요 13:12-20
9. 십자가 생활화가 **영적전쟁을 이기게 한다!** 요 13:2, 고후 10:4-5
10. 십자가 생활화가 **교회답게 한다!** 행 2:36-42

잠언 23:15-17
15 내 아들아 만일 네 마음이 지혜로우면 나 곧 내 마음이 즐겁겠고 16 만일 네 입술이 정직을 말하면 내 속이 유쾌하리라 17 네 마음으로 죄인의 형통을 부러워하지 말고 항상 여호와를 경외하라

6

십자가 생활화가
마음을 지혜롭게 한다!

잠언 23:15-17

십자가 생활화가 마음을 지혜롭게 합니다. 마음이 지혜롭다는 의미를 정확하게 알고 마음이 즐거워서 생기는 결과가 무엇인지 알게 하는 것이 설교목적입니다. 또 그 결과를 유지하기 위해서는 무엇을 경계해야 하는지도 볼 것입니다. 십자가를 생활화해야 지혜로운 마음을 갖게 된다는 것을 알게 되고 그것을 소원하게 될 것입니다. 지혜와 마음의 특성을 보고, 그것을 어떻게 지키고 새롭게 하는 것인지도 볼 것입니다.

> 내 아들아 만일 네 마음이 지혜로우면 나 곧 내 마음이 즐겁겠고
>
> 잠언 23:15

마음이 지혜로우면 하나님이 즐거워하십니다. 마음이 지

혜로운 것은 하나님을 기뻐하게 하는 요소입니다. 하늘의 보배, 지혜와 지식을 봤습니다. 보통 사람들은 하늘의 지혜를 알지 못합니다. 12명의 정탐꾼을 통해 지혜의 차이를 봤습니다. 10명은 합리적인 논리를 갖고 있었고 객관적인 근거도 있었습니다. 반면 2명은 터무니없는 이야기를 했습니다. 그러나 그 2명이 끝까지 붙들고 있었던 것이 하나 있었습니다. 저들이 철기문명을 갖고 있어서 힘이 셀지 모르겠지만, 하나님이 기뻐하시면 된다는 것입니다. 그 둘은 실제로 하나님을 본 것입니다. 실제로 우리가 갖고 있는 역량보다 하나님의 역량이 더 크다는 것을 안 것입니다. 그 지혜를 우리가 갖고 있으면 하나님이 기뻐하십니다.

다윗과 사울왕을 살펴봤습니다. 선민이었던 사울왕도 대단했습니다. 하나님께서 마음에 들어 하셨습니다. 한때 사울왕도 하나님 마음에 든 인물이었습니다. 성령이 깃든 사람이었습니다. 하나님의 뜻을 받든 사람이었습니다. 그럼에도 여차저차해서 자신의 생각이 강해지고, 자신의 뜻이 표현되기 시작하면서 하나님과 멀어지기 시작했습니다. 그래서 나중에는 하나님이 보이지 않게 됐습니다. 그런데 다윗에게는 골리앗이 하찮게 보였습니다. 골리앗보다 더 크신 하나님의 영광을 본 것입니다. 그것이 지혜입니다. 그 지혜로운 마음이 있을 때 하나님은 기뻐하십니다.

> 또 여호와를 기뻐하라 그가 네 마음의 소원을 네게 이루어 주시리로다
> 시편 37:4

우리는 보통 우리 소원이 이루어지면 기뻐합니다. 목표가 있으면, 그것을 이루려고 준비합니다. 그리고 기도합니다. 하나님의 능력을 가져다 쓰기도 합니다. 그래서 그것이 이뤄지면 기뻐합니다. 그러나 성경은 하나님을 기뻐하는 것이 기쁨이라고 말합니다. 순서가 어긋나면 안 됩니다. 하나님을 기뻐하면 소원이 이루어진다고 하십니다. 그 소원은 하나님 크기의 소원입니다. 크기도 다르고 관점도 다릅니다. 그냥 우리 생각에 갇혀 있는 작은 소원이 아닙니다. 하나님의 소원을 이루어가십니다. 마음이 지혜로울 때 영적인 시야가 뜨입니다.

> 15 내 아들아 만일 네 마음이 지혜로우면 나 곧 내 마음이 즐겁겠고 16 만일 네 입술이 정직을 말하면 내 속이 유쾌하리라
> 잠언 23:15-16

마음이 지혜로우면 말이 달라집니다. 말의 맵시가 달라집니다. 마음이 향하는 곳이 달라집니다. 정직은 히브리어로 '야

사르', 곧 하나님께 직진하는 것입니다. 좌로나 우로나 치우치지 않고 하나님께 바로 마음을 두는 것입니다. 정직이란, 하나님을 향한 것입니다. 우리는 문제를 어떻게 해결할까, 이 염려를 어떻게 할까, 하면서 문제에 초점을 둡니다. 그러나 정직한 사람은 마음을 하나님께 둡니다. 마음이 하나님께 가 있습니다. 나의 생각, 나의 비판, 나의 계획, 나의 판단이 아니라 하나님의 의견이 중요합니다. 그래서 하나님께 그것을 올려드리고 주님을 바라봅니다. 그래서 매사 하나님께 마음을 둡니다. 그래서 하나님께 말을 겁니다. "하나님, 무엇을 해야 합니까? 주님의 마음, 생각, 뜻은 무엇입니까?" 그것을 알고 싶다고 이야기합니다.

> 네 마음으로 죄인의 형통을 부러워하지 말고 항상 여호와를 경외하라
> 잠언 23:17

마음이 지혜로우면 속이 바뀝니다. 믿음의 언어를 구사해도 속이 따로 있을 수 있습니다. 경건한 언어를 써도 속이 바라는 것은 따로 있을 때가 많습니다. 그러나 마음이 지혜로운 것은 속이 바뀐 것입니다. 모든 사람은 밑그림을 갖고 있습니다. 지혜로운 사람은 밑그림이 하나님입니다.

마음의 특성을 보겠습니다. 마음은 먼저 방향성이 있습니다. 좋든 싫든, 옳든 그르든 마음은 가는 곳이 있습니다. 자녀에게 마음을 두든, 재정이나 성공에 마음을 두든, 마음은 가는 곳이 있습니다. 미움도 마찬가지입니다. 미워해도 마음은 그곳으로 갑니다. 마음은 어디론가 가고, 거기에 두기도 합니다. 마음을 둔 그것에 영향받는 정도가 아니라, 그것에 푹 빠지게 되어 있습니다.

> 29 재앙이 뉘게 있느뇨 근심이 뉘게 있느뇨 분쟁이 뉘게 있느뇨 원망이 뉘게 있느뇨 까닭 없는 상처가 뉘게 있느뇨 붉은 눈이 뉘게 있느뇨 30 술에 잠긴 자에게 있고 혼합한 술을 구하러 다니는 자에게 있느니라 31 포도주는 붉고 잔에서 번쩍이며 순하게 내려가나니 너는 그것을 보지도 말지어다 **잠언 23:29-31**

술의 특성이 나옵니다. 푹 빠지게 된다는 것입니다. 마음도 어디에 두면 그것에 취하게 되어 있습니다. 마음은 반드시 어딘가로 가게 되어 있고 그것을 채우려고 합니다. 빈 마음은 없습니다. 술과 같습니다. 자녀에게 마음을 두었다면 자녀에게 취한 것입니다. 그 결과가 32, 33절입니다.

> 32 그것이 마침내 뱀 같이 물 것이요 독사 같이 쏠 것이며 33 또 네 눈에

는 괴이한 것이 보일 것이요 네 마음은 구부러진 말을 할 것이며

잠언 23:32-33

자녀에게 마음을 썼는데 자녀가 괴이해졌습니다. 실감 나지 않습니까? 자녀에게 마음을 줬는데 자녀가 괴이해진 것을 보게 됩니다. 마음 쓴 만큼 잘 된 것이 아니라 괴이해졌습니다. 무언가에 마음을 쓰면 그것에 취하게 되어 있다는 뜻입니다.

34 너는 바다 가운데에 누운 자 같을 것이요 돛대 위에 누운 자 같을 것이며 35 네가 스스로 말하기를 사람이 나를 때려도 나는 아프지 아니하고 나를 상하게 하여도 내게 감각이 없도다 내가 언제나 깰까 다시 술을 찾겠다 하리라 잠언 23:34-35

바다에 누워 있으면 빠져 죽습니다. 돛대 위에 눕다가 떨어지면 죽습니다. 마음이 어디론가 간 만큼 마음은 죽게 되어 있습니다. 이것이 마음의 특성입니다. 그래서 마음은 지키라고 하는 것입니다.

내 아들아 네 마음을 내게 주며 네 눈으로 내 길을 즐거워할지어다

잠언 23:26

하나님께서는 우리 마음을 달라고 하십니다. 우리 마음은 하나님께 있어야 합니다. 마음은 어디론가 가면 그만큼 죽게 되기 때문입니다. 하나님께서 마음을 달라고 하시면 드리겠다는 의지가 우리에게 있을까요? 재정, 성공, 자녀에게 마음을 준 것처럼 하나님에게도 마음을 드릴까요? 그 의지는 아무에게나 있지 않습니다. 다른 욕구, 다른 것을 취하겠다는 마음은 강한데, 하나님께 마음이 있어야 한다고 간절히 금식하고 기도하는 사람은 거의 없습니다. 마음이 주님을 향해 있을 때 마음이 바다에 누워 있지 않게 됩니다. 어쩌면 그렇게 마음이 다른 곳으로 가는지 모르겠다며 금식하는 여러분 되기를 바랍니다.

마음을 드린다고 할 때, 실제로 드릴 마음이 있을까요? 하나님께서 받으실 만한 마음이 우리에게 있습니까? 우리는 마음에 온갖 것을 다 담아놓습니다. 드릴 만한 마음이 있어서 그 마음을 주님께 드리면 어떤 결과가 있을 것입니다. 어떤 결과가 생깁니까? 바로 그 결과를 보고, 그 결과를 말하는 사람이 증인입니다. 세상의 가치가 이루어졌다고 결과를 내미는 것이 아닙니다. 하나님께 마음을 드리고자 하는 방향에 함께 서서, 부족할 때 등을 두드리고 격려해야 합니다. 왜 그러지 못하느냐고 자꾸 비판하거나 나무라지 않고, 하나님께 나아가는 하나님의 사람들이 나와서, "하나님께서 그 각 개인의 마음을 받으시는구나, 그래서 하나님께서 마음에 이런 생각을 심으셨고 저런 생각을 심으셨구나!" 이런 증인이 많아져야 합니다.

쪽방촌이 자꾸 생각나서 교역자들과 같이 갔습니다. 쪽방촌 내에 기도처를 세웠습니다. 물품과 현금도 놓고 왔습니다. 하나님의 사람들이 어깨동무하고 기도하고 안아주면 좋겠습니다. 일상적으로 하기 힘들면, 한번 마음먹고 가자고 몇 분께 말씀드렸습니다. 냄새 맡고 술주정도 들어주고. 한번 복음을 전해서 역사가 크게 일어나는 것만 기대하지 말고, 그냥 가자고 했습니다. 그분들에게는 삶입니다. 크게 감동하지도 않고 크게 낙심하지도 않고. 일상적으로 사는 삶입니다.

하나님께 마음을 두었더니, 하나님께서 우리 마음을 사용하시고, 주님의 뜻을 주셔서 시비 걸지 않고 비판하지 않고 오히려 사랑할 수 있게 하십니다. 왜 안되느냐는 말 대신에 오히려 함께 가자는 격려의 말이 나오는 마음의 특성이 모두에게 일깨워지기를 축복합니다. 마음은 어디론가 갑니다. 그리고 반드시 영향을 줍니다. 지혜는 '지금 듣고 있는 귀'라고 했습니다. 솔로몬이 일천번제를 드리자 하나님께서 좋아하셨습니다.

목회 초년생은 목회보다 하나님께 마음이 다 가 있을까요? 목회에 마음이 다 가 있습니다. 목회를 하기 위해 하나님을 끌어올 것입니다. 주님을 믿는 사람들이 삶의 현장에서 기도합니다. 하나님의 뜻을 이뤄달라고 기도하지만 결국 자기들이 생각하는 것들이 있습니다. 왜 하나님께서 솔로몬을 이뻐하셨을까요? 솔로몬은 왕이 되었습니다. 왕을 잘하기 위해 제사를 드린 것이 아니었습니다. 일천 번 죽은 것입니다. 왕이 되어 바쁠 텐데도 제사를 드렸습니다. 솔로몬 왕이 왕의 일로 바빠야 하는데, 왕의 직무를 감당하지 않고, 오히려 직무를 감당하지 못할 정도로 하나님 앞에 나와 제사를 드렸습니다. 그래서 하나님께서 이뻐하신 것입니다. 하나님께서 기뻐서 '내가 너에게 무엇을 줄까' 했더니 솔로몬은 지혜를 구했습니다.

마태복음 10장 이하, 예수님께서 제자들을 파송하시면서, 마치 양을 이리 가운데 보내는 것 같다고 말씀하십니다. 양은 이리에게 안 잡혀 먹힐까요? 파송하기 전에 기도를 많이 하면 지켜질까요? 금식하고 안수받고 가면 양은 안 잡혀 먹힐까요? 그래도 잡아 먹힙니다. 그래서 예수님께서 뱀처럼 지혜롭고 비둘기처럼 순결하라고 말씀하신 것입니다. 사탄처럼 지혜로우라고 하신 것입니다. 사탄은 하나님을 향하는 지혜의 반대 방향으로 지혜롭습니다. 사탄은 가장 간교합니다. 뱀처럼 간교하게 되지 않으려면 순결해야 합니다. 하나님을 향하는 마음을 지켜야 한다는 것입니다. 욱여쌈을 당해도, 몸은 물려도 마음은 물리지 않는다는 것입니다. 이 지혜가 펼쳐지기를 예수님의 이름으로 축복합니다.

골로새서 2장 4절을 봤습니다. 교묘한 말은 간교한 말과 같은 뜻입니다. 교묘한 말을 많이 들으면 고집스러워집니다. 사랑이 식어가는 것이 뚜렷해집니다. 판단이 날카로워지고 세련됩니다. 누군가 저를 비판한다고 가정해 보겠습니다. 비판이 교묘하다면, 옳은 것들이 많을 것입니다. 생명으로 살아야 한다는 말씀을 목숨으로 살 수 있다고 그럴듯하게 속일 것입니다. 이런 것 갖춰지면 좋은 것이고 행복한 것이라고 교묘하게 속일 것입니다. 교묘한 말을 할 때 하늘에서 기쁨이 쏟아져 내립니까? 그래서 서로 사랑스러워집니까? 절대 그렇지 않습니다. 비판은 원래 그렇습니다. 오히려 고집스러워집니다. 오히려 사랑이 떠나갑니다. 비판은 비판을 낳습니다. 스스로 잘 알아듣기를 축복합니다. 그 비판의 내용이 정말 하나님의 마음이라면, 오히려 그 사람을 위해서 기도하게 됩니다. 실제로 기도가 됩니다. 이 지혜가 열려야 합니다.

제가 여러분을 비판할 때가 있습니다. 여러분들이 선을 넘어 오는 것을 볼 때가 있습니다. 누구보다 잘 압니다. 믿음의 선을 넘어 오는 것을 제가 드러내놓고 말하기 시작하면 교회는 천 번도 깨졌을 것입니다. 사랑이 들어오지 못합니다. 하늘의 뜻이 들어오지 못합니다. 그래서 저는 기도하러 갑니다. 기도가 진짜라는 것을 압니다. 누군가 선을 넘어오는 사람이 보이면 기도합니다. 그 한 사람을 향한 하나님의 마음이 밀려오면 아픔이 느껴집니다. 주님이 걱정하신다는 것을 알게 됩니다. "주님, 십자가의 삶을 나타내 보이시옵소서." 지혜로운 마음은 그래서 속이 가벼워집니다. 그때 오는 기쁨이 있습니다. "하나님, 이 마음을 받으셔야 하는데, 하나님 어떻게 합니까!" 믿음이 실제가 되면 판단쟁이가 바뀝니다.

목회가 만만치 않다는 것을 뒤늦게 깨달았습니다. 이 자리가 판단하는 자리입니다. 어쩌면 그렇게 판단이 잘 되는지 모릅니다. 저는 그것이 은사인 줄 알았습니다. 그런데 하나님께서 한마디 하셨습니다. '판단하는 사람이 왕이다!' 그냥 무릎이 후들거렸습니다. 왕은 하나님이십니다. 제가 왕의 자리에 가 있었습니다. 판단할 때마다, 그것은 교묘한 짓이었고 사탄의 간교한 지혜였습니다. 그것이 뼛속까지 스며들어 있다는 것을 알고, 지옥으로 가고 있는 저를 보게 됐습니다. 그래서 하나님께 살려달라고 기도했습니다. 어쩌면 그렇게 날마다 판단이 되살아나는지!

그래서 십자가 생활화입니다. '날마다 죽노라'는 바울의 고백은 실제입니다. 옳으니까 하는 차원이 아닙니다. 근본적인 차이입니다. 마음이 지혜로우면 하나님께서 기뻐하십니다. 말이 다릅니다. 말이 하나님을 향해 있습니다. 환경과 조건에 가 있는 것이 아닙니다. 속이 바뀐 인생입니다. 날마다 십자가에서 연합함으로 십자가 생활화를 해야 합니다. 어깨동무하면서 함께 가기를 축복합니다.

> 모든 지킬 만한 것 중에 더욱 네 마음을 지키라 생명의 근원이 이에서 남이니라 잠언 4:23

마음을 지키는 것이 지혜로운 것입니다. 하나님이 담겨지라고, 하나님의 뜻이 무엇인지 새기라고 마음을 지키는 것입니다. 다른 무엇보다도 마음을 지켜야 합니다. 하나님께서는 마음에 생명을 두십니다. 생명은 목숨과 다른 것입니다.

> 도둑이 오는 것은 도둑질하고 죽이고 멸망시키려는 것뿐이요 내가 온 것은 양으로 생명을 얻게 하고 더 풍성히 얻게 하려는 것이라
> 요한복음 10:10

생명은 갈수록 풍성해집니다.

이는 너희가 죽었고 너희 생명이 그리스도와 함께 하나님 안에 감추어졌음이라 **골로새서 3:3**

하나님 안에 감춰진 생명이 그리스도와 함께 있습니다. 생명이 우리 마음에 들어온 것입니다. 예수님과 연합했다는 뜻입니다. 하나님과 교통하고 하나님과 호흡한다는 것입니다. 생명은 마음 안에 있습니다. 그 생명은 지켜져야 합니다.

사탄이 간교하다고 했습니다. 역방향으로 지혜로운 것입니다. 사탄이 왜 하와를 택했을까요? 여자의 마음이 갈대라고요? 사탄은 하와를 먼저 유혹했습니다. 하와의 속에 밑그림이 따로 있었기 때문입니다. 창세기를 보면, 하와는 선악과를 보고 먹음직하고 보암직하고 탐스럽게 보인다고 말했습니다. 밑그림에 그것이 있었습니다. 사탄은 하와 마음에 있는 그것을 톡 건드린 것입니다. 사탄은 여러분이 삶에 대한 어떤 밑그림이 있을 때에도 톡 건드릴 것입니다. 그럼 우리는 그것을 유혹이라고 생각하지 않고 기회라고 생각할 것입니다. 은퇴한 뒤 퇴직금을 사기당하는 일이 많습니다. 평소에 돈에 대한 밑그림을 갖고 있었기 때문입니다. 날마다 십자가에서 연합해 죽어야 합니다. 밑그림을 내어 던지고 날마다 십자가에서 죽는 은혜가 새롭게 일어나기를 예수님의 이름으로 축복합니다.

에필로그

사회갈등지수 순위가 나왔는데 한국이 압도적으로 1위입니다. 항목이 28개인데 16개 항목에서 압도적으로 1위를 기록했습니다. 지역간, 세대간, 남녀간, 학력간, 있고 없고의 갈등, 이념의 갈등 등등. 한국이 압도적 1위입니다. 우리 자신의 문제입니다. 경기도 일산만 보더라도 크리스천 인구가 40% 입니다. 그런 일산에서 갈등이 있다면 우리의 문제입니다. 갈등은 내가 옳고 네가 틀렸다는 것에서 시작합니다. 한국의 크리스천이 1/3입니다. 우리가 돌이키고 해결해야 할 문제입니다. 비판의 물결이 너무나 자연스럽게 교회 안에 들어와 있습니다. 생명이 아니라 거역이 들어와 있습니다. 주님께서 너무 아파하십니다. 여러분에게 순종의 전문가 수준의 기름부음이 있기를 축복합니다.

우리 마음이 지혜로우면 하나님께서 기뻐하십니다. 그럼 하나님께서 하십니다. 두 명의 정탐꾼과 같은 그런 인생이 나라고! 마음이 바뀌면 속이 바뀌고 언어가 바뀌고 가치가 바뀌고 방향성이 바뀝니다. 십자가에서 날마다 죽노라 고백했던 사도 바울처럼, 십자가 생활화로 날마다 나 죽고 예수로 살아, 나를 통해 예수님께서 하시는 역사가 평생 깊이 스며들기를 예수님의 이름으로 축복합니다.

시편 27:4
내가 여호와께 바라는 한 가지 일 그것을 구하리니 곧 내가 내 평생에 여호와의 집에 살면서 여호와의 아름다움을 바라보며 그의 성전에서 사모하는 그것이라

7

십자가 생활화가
왜 복음인가?

시편 27:4

지난 주일 새벽에 오늘 말씀이 주님의 감동으로 강하게 밀려왔습니다. 허락하셔서 준비된 말씀이 따로 있었는데, 이 말씀으로 여러 생각을 주셔서 한 주간 묵상하며 오늘 말씀을 대언합니다. 복음이 왜 복음인지를 다시 한번 생각하는 것이 설교 목적입니다. 왜 그것이 우리에게 복음인지를 말씀을 통해 볼 것입니다. 복음이 일깨워진다면 구원에 대해 다시 한번 새기고, 날마다 십자가에서 다시 죽고 다시 살아서, 사랑하라고, 어깨동무하며 잘 살라고, 하시는 하나님의 마음을 담아 선포합니다.

지난 주간, 아끼는 후배를 만났습니다. 변호사를 하다 신학을 하고, 지난주 졸업하고 교제하고 싶다고 해서 만났습니다. 예수님 이야기를 하는데 참 재미있었습니다. 이 땅에서 하나님의 사람들이 어떻게 하나님의 사람처럼 살까 이야기하는데 재미있었습니다. 세 가지 질문을 저에게 했습니다. 가장 후회 되는 것 한 가지, 이것이라고 말할 수 있는 진리, 그리고 자기에게 전수해 줄 수 있는 것 하나를 이야기해 달라고 했습니다. 주님의 사랑을 노래하는데, 물음을 보면 어디에 머물러 있는지 알 수 있습니다. 30여 년 목회 하면서 분명하게 대답할 수 있다고 말했습니다. 가장 후회되는 것은, 십자가에서 죽은 것이 현실 되지 못한 것이었다고! 모든 사실이 현실 되는 것은 아닙니다. 우크라이나 전쟁이 우리에게 현실 되려면 그 전쟁이 우리 마음에 들어와야 됩니다. 환경 문제, 기후 문제 역시 마찬가지입니다. 하나님께서 만드신 피조물이 탄식할 때 얼마나 하나님 마음이 아프실까요? 그럼에도 크리스천에게 그것이 현실되지 못한 이유는 마음에 들어와 있지 않기 때문입니다. 우리에게 현실 된 것은 마음에 들어온 것입니다. 육신의 급급한 것, 보고 듣고 느끼는 것, 사회적으로 합의된 가치들. 그것들이 마음에 담깁니다. 담긴 것만 현실 됩니다. 국가가 어려워도 그것이 마음에 담기지 않으면 현실 되지 않습니다. 예수님과 연합해 죽어야 천국이 무엇인지 압니다. 실제 됐을 때 구원이 무엇인지 압니다. 아는 것이 현실이 아닙니다. 현실이 되려면 그 앎이 마음에 담겨야 합니다. 마음에 온통, 구원의 역사, 십자가에서 연합된 사실이 충만했을 때 현실 됩니다. 그래서 가장 후회되고 아팠던 것은 십자가에서 죽는 것이 현실 되지 못한 것이라고 대답했습니다. 실제 마음에 담긴 것은 목회였고 가정이었고 성도들과의 관계였고 성도들의 얼굴이었지, 마음에 하나님의 영광, 하나님의 생각이 담기는 것이 첫 번째가 되지 못한 것, 그것이 가장 후회스럽다고 말했습니다.

가장 남길 만한 것, 십자가에서 예수님과 함께 죽은 것이 현실 된 것! 같은 대답이었습니다. 자유를 얻게 됩니다. 현실이 되었느냐는 문제입니다! 예수님과 함께 죽어서, 하나님의 뜻이 우리 심령에서 날마다 경험되고 있는지, 그 믿음의 실제가 일어나야 합니다.

한 가지 꼭 전수해 달라고 하는 질문에는 이것을 이야기했습니다. 십자가에서 죽은 것이 현실 되도록 꼭 기도하라는 것이었습니다. 기도를 쉽게 생각하면 안 됩니다. 기도는 하나님의 역사가 이루어지는 통로입니다. 현실이 되려면 반드시 기도가 있어야 합니다. 기타 다른 기도가 많을 것입니다. 설교 사역을 하면 수많은 생각이 있을 것이지만, 어떤 사실보다 십자가에서 죽은 것이 현실 되게 해달라고, 거기에 모든 에너지를 쓰라고 말씀드렸습니다. 하나님께서 오랫동안 책망하신 것이 있습니다. '넌 열심도 있고, 파악할 수 있는 능력 있지, 그런데 그것이 현실 되더냐? 마음에 꿈이 있고, 하늘을 향한 애틋한 마음이 있지, 그런데 그것이 마음에 담겨 현실 되더냐?' 안 됩니다. 그렇게 현실 되도록 기도하지 않았기 때문입니다. 수많은 기도가 있었습니다. 목회, 성도, 사회를 위한 기도가 있었습니다. 십자가에서 죽은 사실이 현실 되고, 주님과 연합하는 것이 현실 되도록, 하나님의 생각과 역사와 방향성이 우리 것이 될 수 있도록, 기도했느냐는 것입니다. 그때부터 새 힘이 났습니다. 기도는 간단한 것이었습니다. 주님과 연합하면 주님의 생각이 우리에게 들어옵니다. 근심과 걱정은 내가 신경 쓸 것이 아니었습니다. 주님은 말씀하시고 저는 듣는 사람이기 때문입니다. 바라보는 즐거움만 있으면 되는 것이었습니다. "주님께서 하시는 것이 이것이군요" 하고 노래하면 되는 것입니다. 과장이 아닙니다. 십자가에서 죽고 사는 것이 현실 되도록 기도하십시오. 가장 많은 시간을 할애해서 기도하시기를 바랍니다. 금식해서라도 기도하시기를 바랍니다. 안 되면 중보해 달라고 주변에 요청하시기를 바랍니다. 가족에게, 공동체에게 요청하십시오. 그것이 교제입니다. 교제 가운데 하나님의 영광이 드러납니다. 십자가 현실 되도록 기도에 힘쓰는 신실한 여러분 되기를 축복합니다.

> 내가 여호와께 바라는 한 가지 일 그것을 구하리니 곧 내가 내 평생에 여호와의 집에 살면서 여호와의 아름다움을 바라보며 그의 성전에서 사모하는 그것이라 **시편 27:4**

'한 가지'라는 말은 오직 그것뿐이라는 뜻입니다. 여호와의 집에 평생 살면서 여호와의 아름다움을 바라보는 것이 소원이라는 것입니다. 여러분, 바라는 것 많습니다. 바라는 모든 소원이 무너져야 산다고 제가 여러분을 위해 기도해 드려도 될까요?

평생입니다. 만만치 않은 단어입니다. 부담스러운 단어입니다. 평생 제가 여러분을 보고 산다면 어떨까요? 일상에서 승리하는 것이 실력입니다. 목사님은 늘 웃고 살까요? 아닙니다. 늘 웃고 살 수는 없습니다. 일상에서 억울함과 어려움이 있지만 그것이 제 마음에 영향을 끼칠 수 없다는 것입니다. 그것을 소원해야 합니다. 우리를 위해 일상이 바뀌기를 원하면 안 됩니다. 날씨 덥다고 비오라고 할 수는 없습니다. 환경의 문제가 생긴다 하더라도 우리 마음에 영향을 끼칠 수 없다면! 국가에 난리가 나도 내 마음에 영향을 끼칠 수 없다면! 그것은 다른 차원의 것입니다. 제가 기도하고, 그 기도에 응답받을 때마다 나누고 싶은 기쁨이 있습니다. 세상 난리가 나도 제 마음에 그것이 영향을 끼칠 수 없다는 것입니다. 가정, 재정, 자녀, 건강 어려워지면 난리 납니다. 낙오되고 도태될까 봐 난리입니다. 그럼에도 마음은 따로 놀 수 있습니다. 그것이 실제 신앙생활입니다.

> 군대가 나를 대적하여 진 칠지라도 내 마음이 두렵지 아니하며 전쟁이 일어나 나를 치려 할지라도 나는 여전히 태연하리로다 **시편 27:3**

다윗이 극한의 상황, 전쟁 같은 상황에 처했습니다. 바라고 원하는 것은 따로 있어야 합니다. 보통 군대를 잘 정비하거나 여러 방법을 동원해 전쟁에서 이기는 것이 목적이 되어야 합니다. 그렇게 기도하는 것이 상식일 텐데, 다윗은 주님의 집에서 주님을 바라보며 살고 싶다고 기도하고 있습니다. 어찌 보면 무책임한 것입니다. 가령 여러분의 가정이 난리 나서 경제적으로 무너진 상황인데, 하나님 집에서 하나님을 바라며 살자고 하면 어떻게 됩니까? 그런 무책임이 어디 있느냐고 할 것입니다.

우리는 열두 정탐꾼에 대해 배웠습니다. 열 명의 정탐꾼은 합리적이었고 객관적인 근거를 갖고 있었습니다. 가나안 군사들에 의해 망하게 될 것이라고 분석한 능력도 있었습니다.

적들에게는 훈련된 군사도 있고 철기 문명이고, 우리는 훈련도 받지 않은 오합지졸이라는 것입니다. 군사력이 없어서 싸우면 질 것이라고 분석했습니다. 그런데 두 명의 정탐꾼은 세상 기준으로 볼 때 허무맹랑한 이야기를 합니다. 단 하나만 이야기했습니다. "하나님이 기뻐하시면 돼!" 그것이 여러분은 실감 납니까? 예수 그리스도 안에 감춰진 하늘의 지혜와 지식이 열리면 됩니다. 하나님이 기뻐하시면 된다는 그 믿음의 실력이 깊이 임하기를 축복합니다.

우리의 논리로는 터무니없는 이야기입니다. 전쟁이 나면 백성의 안위를 책임져야 하고, 만일 그럴 수 없다면 주님 앞에 나아가 탄원해야 하는데, 고작 한 것이 평생 여호와의 집에 살며 여호와를 바라보며 사는 것이 꿈이라고 이야기한 것입니다. 이것이 열려야 합니다. 날마다 주님과 함께 십자가에서 연합해 죽음으로 열려야 합니다.

> 네 짐을 여호와께 맡기라 그가 너를 붙드시고 의인의 요동함을 영원히 허락하지 아니하시리로다 **시편 55:22**

하나님과 관계성에서는 구조가 중요합니다. 하나님께서 짐을 맡기라고 하십니다. 그런데 우리가 생각하는 구조가 깨져야 합니다. 하나님께 염려를 맡기면, 하나님께서 그 염려를 맡아주신다고 생각하는데 그렇게 생각하는 구조가 깨져야 합니다. 성경은 그렇게 이야기한 적이 없습니다. 하나님께서는 그런 식으로 말씀하신 적이 없으십니다. 맡기면 하나님께서 우리를 붙드십니다. 짐, 염려를 맡으시는 것이 아니라 우리를 붙드십니다. 이것이 어떤 의미입니까? 짐에 가 있는 마음, 문제에 가 있는 마음, 운명을 쥐고 있고 목숨줄로 여기는 그것이 깨지기를 원하십니다. 문제를 해결해 주신다는 것이 아니라, 그 문제에 묶여 있는 우리의 사슬을 풀고, 하나님을 바라볼 수 있게 우리를 돌보신다는 것입니다. 수고하고 무거운 짐 진 자들아 다 내게로 오라고 하십니다. 쉬게 한다고 하십니다.

다윗이 전쟁 같은 상황에서 여호와를 바라본다는 것, 다윗은 극적으로 상황과 마음을 분리시키고 있습니다. 세상은 흉흉한데, 마음은 하나님께 가 있다는 것! 그때 주님이 붙드신다는 것! 내 안에서 편히 쉬라는 하나님의 음성이 들리기를 축복합니다.

하나님은 우리를 주목하십니다. 우리가 하나님을 주목하면 하나님이 보입니다. 우리를 돌보시는 하나님을 볼 수밖에 없습니다. 문제를 보는 것입니까, 하나님을 보는 것입니까? 상황을 봅니까, 하나님을 봅니까? 문제가 문제로 여겨집니까, 하나님이 하나님으로 느껴집니까? 그것이 구원입니다. 죄 사함을 받아야 하는 목적이 무엇입니까? 여러분이 깨끗해지고 거룩해져야 할 목적이 무엇입니까? 예수님의 보혈로 죄 사함을 받는 목적이 무엇입니까? 그것 자체가 복음이 아닙니다. 의로워지는 것이 복음이 아닙니다. 왜 의로워지고 왜 깨끗해져야 합니까? 하나님을 사랑하려고 의로워지는 것입니다. 하나님과 관계를 맺으려고 의로워지는 것입니다. 천국 가려고 예수 믿는 것은 이기적인 것입니다. 그것은 예수 믿는 것이 아닙니다. 천국은 그냥 따라오는 곳입니다. 그곳에서 예수님 만나려고, 그곳에서 사랑하는 아버지 하나님을 만나려고! 아버지와 관계를 이루기 위해서는 짐이 문제가 되니까 그것을 맡기라고 하시는 것입니다. 맡겨라! '전쟁 같은 상황에 있는 다윗이 보이니? 전쟁 같은 상황에서도 천국에서 하나님의 아름다움을 보고자 하는 다윗이 보이니? 그것이 구원이란다!'

> 내가 여호와께 바라는 한 가지 일 그것을 구하리니 곧 내가 내 평생에 여호와의 집에 살면서 여호와의 아름다움을 바라보며 그의 성전에서 사모하는 그것이라 **시편 27:4**

성전에서 사모합니다. 성전의 지성소를 들어가려면 번제

단을 통과해야 합니다. 번제단은 십자가입니다. 번제단의 죽음이 없으면 성소에 들어가지 못합니다. 이것이 십자가 생활화입니다. 날마다 십자가에서 죽지 않으면, 육을 통해 들어오는 것을 마음에 담아 두는 한 하나님을 보지 못합니다. 보고 싶고 갖고 싶고 되고 싶은 것을 마음에 두는 한 하나님을 보지 못합니다. 번제단을 통과해야만 하나님의 아름다움을 봅니다.

> 여호와께서 환난 날에 나를 그의 초막 속에 비밀히 지키시고 그의 장막 은밀한 곳에 나를 숨기시며 높은 바위 위에 두시리로다
> 시편 27:5

이것은 비겁하거나 나약한 것이 아닙니다. 이것이 살 길입니다. 삶에는 이런저런 문제 있습니다. 죽을 것 같은 상황도 생깁니다. 그러나 그것을 푸느라 마음 쓰지 마십시오. 오히려 마음 가운데 계신 주님을 나누십시오. 주님은 말씀하시고 우리는 듣습니다. 주님 말씀하시면 반드시 이루어집니다. 저는 그것을 깨달았습니다. 문제가 있을 때 전전긍긍하지 않고 그때마다 여전히 하나님을 바라보겠습니다! 마음이 태연하게 주님 바라보는 영광 가운데 있겠습니다! 가정 어렵죠? 사회적으로 어렵죠? 그럼에도 불구하고 십자가로 달려가 성전에서 하나님의 아름다움을 볼 수 있는 하늘의 기쁨이 쏟아져 내리기를 예

수님의 이름으로 축복합니다.

십자가 생활화가 날마다 익어지도록, 부부가 말씀을 나누고 자녀와 말씀 나눔하시기를 예수님의 이름으로 축복합니다.

요한복음 13:12-20

12 그들의 발을 씻으신 후에 옷을 입으시고 다시 앉아 그들에게 이르시되 내가 너희에게 행한 것을 너희가 아느냐 13 너희가 나를 선생이라 또는 주라 하니 너희 말이 옳도다 내가 그러하다 14 내가 주와 또는 선생이 되어 너희 발을 씻었으니 너희도 서로 발을 씻어 주는 것이 옳으니라 15 내가 너희에게 행한 것 같이 너희도 행하게 하려 하여 본을 보였노라 16 내가 진실로 진실로 너희에게 이르노니 종이 주인보다 크지 못하고 보냄을 받은 자가 보낸 자보다 크지 못하나니 17 너희가 이것을 알고 행하면 복이 있으리라 18 내가 너희 모두를 가리켜 말하는 것이 아니니라 나는 내가 택한 자들이 누구인지 앎이라 그러나 내 떡을 먹는 자가 내게 발꿈치를 들었다 한 성경을 응하게 하려는 것이니라 19 지금부터 일이 일어나기 전에 미리 너희에게 일러 둠은 일이 일어날 때에 내가 그인 줄 너희가 믿게 하려 함이로라 20 내가 진실로 진실로 너희에게 이르노니 내가 보낸 자를 영접하는 자는 나를 영접하는 것이요 나를 영접하는 자는 나를 보내신 이를 영접하는 것이니라

8

십자가 생활화가
임의대로 살지 못하게 한다!

요한복음 13:12-20

예수님이 제자들의 발을 씻겨주시는 것을 보며 인간적인 관계, 도덕적 윤리적 차원에서의 섬김을 떠올린다면 예수님을 모르는 것입니다. 세족의 근본 원리를 알아야 합니다. 하나님의 사람과 마귀의 사람을 구분하는 지점이 있습니다. 예수님께서 함께하자고 하시며 보내신 자리에서 세족의 삶을 살게 하는 것이 설교 목적입니다. 그때만 임의로 살지 않습니다. 발을 닦아준다는 것을 본질적으로 깨닫지 못한다면, 믿어도 자기 임의대로 믿고, 임의대로 사는 경우가 많습니다. 보냄 받은 자의 의식이 아니라 임의대로 살 때가 많습니다. 주님께서 보내신 그 자리에서 하늘의 영광 꽃 피우기를 축복합니다.

> 그들의 발을 씻으신 후에 옷을 입으시고 다시 앉아 그들에게 이르시되 내가 너희에게 행한 것을 너희가 아느냐 **요한복음 13:12**

유월절 만찬 전에 예수님께서 발을 닦아 주셨습니다. 흐트러진 옷매무새를 다잡으시고 주목하게 만드신 뒤 발을 씻어준 의미를 아느냐고 제자들에게 묻습니다. 그만큼 중요한 의미가 있다는 뜻입니다. 우리도 정말로 크게 나무랄 때는 정자세를 취하고 이야기할 때가 많지 않습니까?

> 13 너희가 나를 선생이라 또는 주라 하니 너희 말이 옳도다 내가 그러하다 14 내가 주와 또는 선생이 되어 너희 발을 씻었으니 너희도 서로 발을 씻어 주는 것이 옳으니라 **요한복음 13:13-14**

정색하시며 말씀하십니다. 당신이 주인이고 선생이라 하십니다. 내가 너희들 발을 씻겼으니 너희들도 서로 발을 씻겨 주라고 하십니다. 단순한 섬김의 차원, 윤리적 차원의 말씀이 아닙니다.

> 내가 너희에게 행한 것 같이 너희도 행하게 하려 하여 본을 보였노라
> **요한복음 13:15**

본을 보이셨습니다. 가르쳐주셨다고 말씀하십니다. 제자들이 예수님을 따라다니며 예수님께서 하신 것을 봤습니다. 그러나 마음의 시선을 놓치면 주님께서 본을 보이실 때 그것을 볼 수 없습니다. 영적인 눈이 뜨여 주님을 향한 마음이 있어야 합니다. 그전에 먼저 소원하는 마음이 있어야 합니다. 어떤 상황에서도, 그 상황에 혹할 수 있는 약한 존재이니, 그때에도 마음의 시선이 주님으로부터 멀어지지 않고 흔들리지 않게 은혜 베풀어달라는 소원이 있어야 합니다. 설 명절이 다가오니까 수많은 긴장이 있을 것입니다. 그러나 거기에 시선이 머물지 않고 주님께서 주시는 하늘의 생각과 뜻이 있고 먹여주시는 것이 있다면 넉넉하게 이기지 않겠습니까?

> 16 내가 진실로 진실로 너희에게 이르노니 종이 주인보다 크지 못하고 보냄을 받은 자가 보낸 자보다 크지 못하나니 17 너희가 이것을 알고 행하면 복이 있으리라 **요한복음 13:16-17**

알고 행하라고 하십니다. 주님이 우리보다 크다, 주님이 주인이라는 것을 알라고 하십니다. 우리는 주님보다 잘나거나 똑똑하거나 능력이 더 있을 수 없다는 것을 알고 행하라고 하십니다. 알고 행하면 복이 있다고 하십니다. 그것은 정말 어려운 일입니다. 이것이 귀에 들린다면 정말 감사할 일입니다. "이것을 알고 순종하겠습니다. 주님은 실제 크십니다. 주님은 나의 주인이십니다. 주님보다 클 수 없고 주님보다 더 자세하게 알 수 없습니다. 그래서 예수님, 당신의 생각을 알아차릴 수 있는 지혜 주시옵소서." 이렇게 기도하는 여러분 됐으면 좋겠습니다.

팔레스타인 지역에서는 음식을 먹을 때 비스듬하게 누워서 먹습니다. 귀족들, 있는 사람들의 문화입니다. 귀족 행세를 하려면 토할 때까지 먹는 것이 그들의 문화였다고 합니다. 발을 닦아주는 것은 가장 낮은 하인이 하는 일이었습니다. 하인도 급이 달랐습니다. 그런 풍습 가운데 유월절 만찬이 열렸습니다. 그럼 누군가 예수님 발을 씻겨줘야 합니다. 그런 자원하는 마음은 제자들에게 다 있었습니다. 그러나 아무도 예수님의 발을 씻겨주지 않았습니다. 예수님과의 관계에 문제가 있었기 때문이 아닙니다. 제자들끼리 문제가 있었기 때문입니다. 제자들에게는 예수님에 대한 마음은 있었습니다. 십자가의 영광은 아직 모를 때입니다. 그러나 예수님의 능력, 지혜를 믿는 믿음은 있었습니다. 그 권세로 이스라엘이 해방될 것이라는 믿음이 있었습니다. 그때 제자들은 자기가 오른팔이 되고 왼팔이 된다는 생각이 있었고 실제로 싸움도 있었습니다. 제자들이 나중에 한자리를 차지하려면 낮은 자리로 가면 안 됩니다.

예수님의 발을 씻어준다는 것은 한자리를 차지하려는 욕구를 포기하는 것입니다. 그것을 공포하는 것이나 다름없습니다. 그래서 제자들은 예수님 발을 씻기지 않고 버틴 것입니다. 주님은 그때 그것을 보시고, 직접 허리에 수건을 두르시고 제자들 발을 씻긴 뒤 정자세로 제자들에게 말씀하신 것입니다. 너희들에게 내가 행한 의미를 아느냐, 발을 닦아준 의미를 아느냐고 물으신 것입니다. 종은 주인보다 클 수 없고, 주인인 당신이 제자들 발을 씻었으니 너희들도 그렇게 살라고 말씀하십니다. 발을 닦는 인생이 되라는 뜻입니다.

주님이 아버지께로 가면 제자들은 이 땅에 남습니다. 남은 제자들이 이 땅에서 최대한 할 수 있는 일은 무엇입니까? 주인보다 더 클 수 없다고 하셨습니다. 제자들이 최대한 높이 올라갈 수 있는 곳은 어디입니까? 발을 닦아주는 곳까지입니다. 단순한 섬김의 차원으로 생각하면 예수님을 믿는 것이 아닙니다. 가장 성실하게, 가장 열심히 추구해야 할 일은 발을 닦아주는 것입니다. 그 이상은 올라갈 수 없다는 것입니다. 발을 닦아주는 은혜가 있어야 합니다. 발을 닦아 주는 것은 하나님의 자녀인가, 마귀의 자녀인가를 구분하는 분별점입니다.

유월절 전에 예수께서 자기가 세상을 떠나 아버지께로 돌아가실 때가 이

른 줄 아시고 세상에 있는 자기 사람들을 사랑하시되 끝까지 사랑하시니라 **요한복음 13:1**

예수님께서는 아셨습니다. 예수님께서는 이 땅에 오셨습니다. 아버지 하나님의 뜻을 받들기 위해서입니다. 십자가를 통해 하나님의 백성들을 구원하시기 위해서 오셨습니다. 그리고 돌아갈 때도 아셨습니다. 그리고 세상에 있는 자기 사람들을 사랑하시되 끝까지 사랑하신다고 하십니다. 자기 백성들은 이 땅에 있습니다. 예수님 없을 때에도 예수님 있을 때처럼 잘 살 수 있는 방법이 세족식이라는 것입니다.

때를 알기를 축복합니다. 화초지시, 꽃도 풀도 때를 압니다. 꽃을 피울 때와 질 때를 압니다. 예수님의 그 때를 알려면 예수님과 함께 있어야 합니다. 자기 사람이 있다는 것은 반대로 예수님의 사람이 아닌 사람도 있다는 뜻입니다. 저는 여러분이, 언제나 '나는 예수님의 사람'이라고 이야기할 수 있기를 바랍니다.

마귀가 벌써 시몬의 아들 가룟 유다의 마음에 예수를 팔려는 생각을 넣었더라 **요한복음 13:2**

마귀의 사람도 있고 예수님의 사람도 있는데, 그것을 구분할 수 있는 분별점은 발을 닦아줄 수 있느냐 하는 것입니다.

> 3 저녁 먹는 중 예수는 아버지께서 모든 것을 자기 손에 맡기신 것과 또 자기가 하나님께로부터 오셨다가 하나님께로 돌아가실 것을 아시고 4 저녁 잡수시던 자리에서 일어나 겉옷을 벗고 수건을 가져다가 허리에 두르시고 **요한복음 13:3-4**

> 내가 너희 모두를 가리켜 말하는 것이 아니니라 나는 내가 택한 자들이 누구인지 앎이라 그러나 내 떡을 먹는 자가 내게 발꿈치를 들었다 한 성경을 응하게 하려는 것이니라 **요한복음 13:18**

'모두'가 하나님의 사람은 아니라는 것입니다. 지금 여기서 예배를 드리는 사람이 모두 하나님의 사람이 아니라면 제 마음이 많이 어려워집니다. 그럼에도 각성이 일어났으면 좋겠습니다. 발을 닦아준다는 것은 하나님의 사람인지 마귀의 사람인지를 결정짓는 중요한 요소입니다.

세족을 섬김의 차원으로 말하면, 하나님의 사람인지 구분하는 구분점이 사라집니다. 고만고만한 사람들 사이에서는 세족이 용납되지 않습니다. 고만고만한 사람들이 모이면 고만고

만한 알력이 생깁니다. 고약합니다. 뭔가 서로 경쟁합니다. 그런 의식이 있는 한 주님을 만나기 어렵습니다. 제자들은 주님과 함께 있었고, 주님께 가르침을 받았고, 훈련을 받았습니다. 그런데 모두가 하나님의 사람은 아니었습니다. 이것은 낮다, 이것은 천한 것이라는 세상의 가치를 갖고 있는 한 예수님께서 말씀하신 곳으로 가서 예수님께서 말씀하신 뜻을 실행할 수 없습니다.

예수님께서 마굿간으로 오신 것을 보고 예수님께서 낮은 곳으로 오셨다고 말하는 세상 가치는 깨져야 합니다. 마굿간이 낮은 곳이면 헤롯왕궁이 높은 곳입니까? 높고 낮다는 우리의 그 가치가 깨져야 합니다. 이것은 높고, 저것은 낮은 거야, 그래서 우리는 저 높은 곳을 지향해야 해, 하는 마음이 있다면 결코 세족하며 살 수 없습니다. 예수님을 추구한다고 하지만 속에 다른 가치가 있으니 발을 닦아주며 살 수 없는 것입니다. 우리의 가치가 무엇인지 일깨워져야 합니다. 그러려면 예수님과 함께 먼저 십자가에서 죽어야 합니다.

우리는 보냄을 받았습니다. 우리를 보내신 분은 우리의 주인이고 선생님입니다. 보냄을 받은 자는 보내신 분보다 결코 크지 않습니다. 그런데 우리에게 보내신 분의 뜻보다 더 높게 생각하는 가치가 따로 있다면 전혀 다른 이야기가 됩니다. 우리에게 보냄 받은 의식이 있어야 합니다. 부르심을 이야기할 때 구분하자고 말씀드렸습니다. 제가 구체적으로 어떤 현장으로 부름 받았다고 여겼을 때가 있었습니다. 현장을 중요하게 생각했습니다. 그래서 몸이 상해도 헌신하고 봉사했습니다. 현장에 충성했는데 나중에 보니 남는 것이 없었습니다. 저를 그곳에 보내신 분이 현장보다 더 중요하다는 것을 몰랐습니다. 우리는 먼저, 주님에게로 부르심 받았다는 사실을 잊으면 안 됩니다. 우리가 바라보는 것은 주님입니다. 우리가 주님을 바라봄으로 주님의 겸손과 온유가 함께 와서, 함께 멍에를 멘 우리에게 주님의 생각과 마음이 깃들게 됩니다. 세상과 나는 간 곳 없고 구속한 주님만 보이는 것입니다. 그때 주님이 우리를 보내십니다. 파송하십니다. 함께 갑니다. 그때부터는 우리를 보내신 주님을 의식하게 됩니다.

제가 너무 많이 지적했습니다. 너무 많이 가르쳤습니다. 화가 나는 이유가 상처 때문인 줄 알았습니다. 아니었습니다. 삶의 현장으로 부름 받았다는 의식이 너무 강했고 그런 의식으로 현장을 바라봤기 때문입니다. 이제는 속지 않습니다. 하나님의 사람인지를 구분하는 분별점이 어디에 있는지 알기 때문입니다. 주님을 향한 시선이 끝없이 머무는 인생! 거기에서 벗어나지 않기를 원합니다!

　베드로, 얼마나 많이 속습니까? 다른 복음서를 보면, 베드로가 예수님께 배척당하는 장면이 나옵니다. 베드로는 예수님께, 주는 그리스도시요 살아계신 하나님의 아들이라고 신나게 고백했습니다. 세금 문제가 나왔을 때 물고기 입에 반 세겔이 있을 것이라는 경험도 했습니다. 수많은 기적을 직접 봤습니다. 그런 베드로도 여지없이 넘어집니다. "사탄아, 내 뒤로 물러가라!" 이렇게 되는 이유가 무엇입니까? 우리가 믿음을 착각하기 때문입니다. 우리는 우리가 갖고 있는 믿음이 진짜인 줄 알고, 그것이 전부인 줄 압니다. 우리가 인식하는 주님이 진짜인 줄 압니다. 그러나 귀신도 하나님의 아들을 알아보고 경배하고 떱니다. 그러나 귀신은 구원받지 못합니다. 우리가 하나님을 아는 믿음보다 하나님이 우리를 알아보시는 것이 중요합니다. 우리 가치가 변할 때, 예수님께서 보내신 그곳, 그 일, 그 뜻을 그대로 따라갑니다. 나를 따르려거든 자기를 부인하고 자기 십자가를 지고 나를 따르라고 하십니다. 자기 십자가를 진다고 하니까 또 스스로 힘을 내고 뛰어다니며 헌신합니다. 문제가 생기면 문제에 대해 헌신하고 감당하는 것이 자기 십자가를 지는 것이 아닙니다. "아이구, 저 인간 만난 것이 내 십자가니까 내가 지고 가야지, 그게 내 십자가지." 하는 그런 뜻이 아닙니다. 자기 십자가는 그런 의미가 아닙니다. 그리스도의 남은 고난을 주신다고 하셨습니다. 주님께서 부족해서 남겨놓은 것이 있으니 우리가 그것을 채우면 완전해진다는 그런 뜻이 아닙니다. 우리를 향한 하나님의 계획이 있습니다. 그 뜻을 실행하려면 우리 속을 비워야 합니다. 우리를 부인하지 않으면 안 됩니다. 의지로 안 됩니다. 십자가에서 예수님과 함께 죽어야 합니다. 십자가에서 예수님과 함께 죽은 우리를 통해 당신의 생각을 부으시고 우리를 사용하셔서 당신의 뜻을 행하시게 하는 것이 남은 고난입니다. 예수님과 연합했을 때만 주님의 뜻이 온전하게 보입니다. 예수님을 알고 열심을 부린다고 되는 것이 아닙니다. 얼굴이 더 험악해집니다. 속이 진짜 행복하지 않습니다. 하늘의 행복이 없습니다.

> 내가 그리스도와 함께 십자가에 못 박혔나니 그런즉 이제는 내가 사는 것이 아니요 오직 내 안에 그리스도께서 사시는 것이라 이제 내가 육체 가운데 사는 것은 나를 사랑하사 나를 위하여 자기 자신을 버리신 하나님의 아들을 믿는 믿음 안에서 사는 것이라 **갈라디아서 2:20**

내 안에 주님이 사신다고 하십니다. 내 안에 계신 주님을 믿는 믿음으로 사는 것이라고 합니다. 그러니까 믿음의 열심을 부립니다. 그러나 험악해집니다.

> 사람이 의롭게 되는 것은 율법의 행위로 말미암음이 아니요 오직 예수 그
> 리스도를 믿음으로 말미암는 줄 알므로 우리도 그리스도 예수를 믿나니
> 이는 우리가 율법의 행위로써가 아니고 그리스도를 믿음으로써 의롭다
> 함을 얻으려 함이라 율법의 행위로써는 의롭다 함을 얻을 육체가 없느니
> 라 **갈라디아서 2: 16**

원어 성경에는 그렇게 나와 있지 않습니다. 풀어서 이야기 하겠습니다. 원어는 이렇게 나와 있습니다. 사람은 토라의 행위로 의롭게 되는 것이 아니라, 예수님의 신실함을 통하여 의롭게 되는 것이다! 번역된 성경은 내가 믿는 믿음으로! 원어의 뉘앙스는 예수님의 믿음을 통하여! 예수님의 믿음입니다. 예수님의 믿음이 있기 때문에 택한 사람이 있습니다. 하나님의 사람이라는 표시가 나는 것은 예수님의 믿음 때문입니다. 그 표시가 세족입니다. 우리는 우리가 예수님을 알면 된다고 생각합니다. 그러나 아는 것만큼 교만해질 확률이 높아집니다. 가르치면 되는 줄 압니다. 저는 그냥 보여주고 싶을 뿐입니다. 사랑하라고!

군대귀신 들린 자도 예수님을 알아봅니다. 저도 현장의 중요성도 압니다. 그럼에도 저는 현장보다 주님께 마음이 더 가 있습니다. 에너지를 예수님께 쏟습니다. 예수님과 함께 죽는

것에 힘을 쏟습니다. 택한 백성이 아니었음에도 가룟 유다의 짓을 하고 있다는 것을 깨닫기 바랍니다. 예수님께서 우리를 택하셨습니다. 예수님의 그 성실함, 끝없이 사랑하는 그 성실함을 믿는 믿음을 통해! 먼저 우리를 택하신 예수님의 마음을 확인하시기를 축복합니다. 그렇다면 예수님께 마음 쏟아야 합니다. 죽었다 깨어나도 "하나님이 나를 보내셨군요, 하나님이 나를 택하셨군요! 하나님이 나를 부르셨군요!" 한량없는 주님을 향한 믿음! 이것이 있으면 주님께서 보내신 자리에 있게 됩니다. 가정에서도 그대로 쓰입니다. 성도들 깨어 있습니다. 말씀도 잘 나눕니다. 그런데 숨이 막힙니다. 하나님 말씀을 오해하면 안 됩니다. 가족을 사랑하는 것 맞습니까? 사랑하는 가족이라는 현장보다 가족이라는 현장으로 보내신 그분이 더 중요한 것입니다. 부부가 사랑만 하면 사랑하는 만큼 화가 납니다. 진짜 사랑하면 화납니다. 자녀를 진짜 사랑하면 화납니다. 자신이 채워지지 않기 때문입니다. 부모와 자녀는 각자 하나님을 사랑해야 합니다. 그럼 하나님이 주신 마음이 각자에게 들어와 부부가 사랑하게 되는 것입니다. 가정을 수호하려고 발버둥 치는 가장 여러분, 해방되십시오. 자녀로부터 해방되십시오. '내가 너희를 세웠다, 택했다, 사랑한다!' 그 의미가 깨달아지면, 와 "주님께서 이렇게 하셨어!" 그 지경이 넓어져 함께 주님을 바라보고 노래할 수 있는 공동체가 됩니다. 그 은혜가 임하면, 그때 비로소 주님께서 말씀하심이 일깨워집니다. 본을 보여주신 것이 믿겨집니다. 그대로 따라갑니다. 그것이 없으면 "어떻게 평생 발만 닦아주고 살아. 그거 안 하려고 돈 벌고, 그거 안 하려고 성공하려고 하는건데!" 그것은 주님의 사람이 아닙니다.

주님과 관계가 형성되어서 주님을 따라가기 시작하면 반드시 내어주시는 자리가 있습니다. 대통령과 친한 사람이 어떤 분야에 능력이 있으면 대통령이 자리를 내어줍니다. 회사에서 회장과 가까운 사람이 능력이 있으면 회장은 그 사람을 씁니다. 쓰는 자리가 있습니다. 사회적으로 합의되고 형성된 가치를 통해 그 자리의 가치를 매깁니다. 예수님을 따라가는 사람도 반드시 예수님께서 자리를 주십니다. 하나님의 백성이라면 한 사람도 예외없이 주님께서 허락하신 자리가 있습니다. 그 자리는 십자가 자리입니다! 그 십자가 자리에 섰을 때만 주님께서 본을 보여주신 것에 '아멘!' 할 수 있습니다. 그 십자가 자리에 섰을 때만 주장하지 않을 수 있습니다. 그 십자가 자리에 섰을 때만 사랑할 수 있습니다. 그 십자가 자리에 섰을 때만 판단의 마음이 죽습니다. 그 십자가 자리에 섰을 때만 안심됩니다. 지금도 판단이 된다면 죽을 자리에 있는 것입니다. 그 죽을 자리가 살 자리가 되는 곳은 십자가입니다. 십자가 자리에서만 임의대로 꿈꾸지 않고 임의대로 행하지 않고 임의대로 말하지 않게 됩니다. 하늘의 것을 피우기 위해 한 걸음 한 걸음 걷는 믿음의 역사가 우리 모두에게 일어나기를 예수님의 이름으로 축복합니다.

에필로그

선민은 택함 받은 백성입니다. 택함 받은 백성이라면 남겨진 자리에서 하나님의 뜻과 생각을 따라올 수 있는 가치를 갖고 있습니다. 복음이 드문드문 선포되는 교회에서도 복음에 목마른 사람들이 있습니다. 우리 교회에도 복음을 듣고 점화되는 분들이 계십니다. 한번 복음을 듣고 점화됩니다. 선민의 기질이 있는 것입니다. 목사님들 모임에 가면 제가 은혜를 받습니다. 목사님은 목사님입니다. 목사님들도 복음을 만나면 조각난 믿음에 스파크가 일어납니다. 어린아이 같습니다. 주님께 에너지를 써야 합니다. 마음을 써야 합니다. 생각을 써야 합니다. 주님 아니면 우리는 결코 변화될 수 없습니다. 바뀐 것 같아도 아닙니다. 하늘의 평화가 흘러가지 못합니다. 말랑말랑하지 못하고 딱딱해집니다. 주님의 생각이 들어와 하늘의 역사가 우리를 일으켜 세워, 십자가로 달려가는 것에 주저함이 없기를 예수님의 이름으로 축복합니다.

요한복음 13:2
마귀가 벌써 시몬의 아들 가룟 유다의 마음에 예수를 팔려는 생각을 넣었더라

고린도후서 10:4-5
4 우리의 싸우는 무기는 육신에 속한 것이 아니요 오직 어떤 견고한 진도 무너뜨리는 하나님의 능력이라 모든 이론을 무너뜨리며 5 하나님 아는 것을 대적하여 높아진 것을 다 무너뜨리고 모든 생각을 사로잡아 그리스도에게 복종하게 하니

9

십자가 생활화가
영적 전쟁을 이기게 한다!

요한복음 13:2, 고린도후서 10:4-5

영적 전쟁에 대한 바른 이해를 가져야 합니다. 영적 전쟁에 대한 우리의 생각과 이미지가 잘못돼 있습니다. 영적 전쟁을 하면서 오히려 하나님과의 관계를 가로막고 있습니다. 성경의 관점으로 영적 전쟁을 바르게 이해해야 합니다. 영적 싸움은 반드시 해야 합니다. 영적 싸움을 싸우지 않으면 안 된다는 동기부여도 갖게 될 것입니다. 그래서 반드시 이겨야 한다는 결론을 맺게 될 것입니다. 십자가 생활화로 영적인 싸움을 이길 수 있다는 그 기쁨의 에너지로 사랑하게 만들고 하나님을 찬양하게 만들고, 십자가 생활화로 영적 싸움에서 이긴 증인으로 우뚝 서게 만드는 것, 그것이 설교 목적입니다.

전쟁은 참혹합니다. 어떤 이유와 명분에서라도 전쟁은 일어나서는 안 됩니다. 결코 전쟁을 일으키는 쪽이 되어서는 안 됩니다. 우크라이나 젤렌스키 대통령이 영웅이 됐습니다. 강국 러시아와의 싸움에서 잘 버티고 있기 때문일 것입니다. 그러나 그가 빌미를 주고, 전쟁의 모양새를 갖추게 한 입구가 되었다는 것에는 아픔이 있습니다. 전쟁이 일어나면 보금자리도 꿈도 사라지고, 재정적으로 어려워지고, 자유도 잃어버리고 상실의 아픔을 겪게 됩니다. 고통과 슬픔이 있습니다.

그런데 영적 전쟁은 반드시 수행해야 합니다. 영적 전쟁에 대한 이미지도 땅에서 일어나는 전쟁과 같은 이미지를 갖고 있는 것 같습니다. 처참, 참혹, 슬픔, 비탄, 사고, 환란, 갈등의 이미지입니다. 제가 17년 전에 영적인 치유, 영적 전쟁이라는 책을 썼습니다. 지금도 그 책을 교재로 쓰는 교회가 있습니다. 그러나 지금은 그 책을 어떻게 모두 회수하나 하는 생각을 하고 있습니다. 왜냐하면 하나님의 마음을 몰랐기 때문입니다. 영적 전쟁에 대한 이해도가 지금과는 현저하게 달랐기 때문입니다. 하나님을 사랑하고 하나님과 사귀는데 오히려 그 책이 걸림돌이 될 것이라는 걱정이 듭니다. 영적 전쟁에 바른 이해가 있어야 합니다.

많은 사람이 귀신을 쫓아낸다고 합니다. 어둠의 세력을 몰아낸다고 합니다. 그러나 주된 이유를 살펴보면 이렇습니다. 전쟁의 이미지, 즉, 슬픔, 참혹, 비탄, 고통 등이 우리에게 오기 전에 그것을 막고 그것을 물리치고 그것을 파괴하느라 전쟁을 수행하는 것을 영적 전쟁이라고 오해합니다. 이것은 하나님을 깊이 만나지 못하게 만듭니다.

> 마귀가 벌써 시몬의 아들 가롯 유다의 마음에 예수를 팔려는 생각을 넣었더라 **요한복음 13:2**

예수를 팔려는 생각, 그리고 전쟁에서 처참한 것들을 물리치는 것은 정반대되는 일일 수 있습니다. 말씀에는 '벌써'라고 말하고 있습니다. '벌써'입니다. 우리가 생각한 것보다 훨씬 빨리 우리에게 예수를 팔려는 생각을 넣었을 수도 있습니다. 깨달았으면 좋겠습니다. 사탄은 어떤 사람에게 예수를 팔려는 생각을 넣으면, 그것이 잘 먹힐 것인지도 잘 압니다. 왜 사탄이 아담 대신 하와에게 먼저 선악과를 먹도록 유혹했습니까? 여성은 갈대와 같다, 여성은 약하기 때문입니까? 아닙니다. 하와의 마음에는 이미 밑그림이 있었습니다. 선악과를 보고 먹음직도 하고 보암직도 하고 지혜롭게 할 만큼 탐스럽다는 평소의 생각이 하와에게 있었다는 것을 사탄은 알았습니다. 그래서 뱀이 하와를 유혹한 것입니다.

예수를 팔려는 마음은 어떤 것입니까? 믿음의 사람에게는 가당치 않은 일이라고 생각합니다. 그러나 실제로 많은 사람들에게는 예수님을 팔려는 마음이 있습니다. 전쟁은 죽고 빼앗고 파괴하는 이미지를 갖고 있습니다. 만일 예수를 믿었는데 손해 보고 아프게 되고 힘들게 된다면 어떻게 됩니까? 예수가 나에게서 떠나면 오히려 내가 생각하는 기쁨, 화려함, 행복이 찾아온다는 그 밑그림이 있다면, 사탄이 그 사람을 자극할 것이고, 자극할 때 그는 넘어질 것입니다.

가룟은 지명입니다. 가룟 유다는 가룟 지역에 사는 유다라는 뜻입니다. 어디에서 살고 있는 누구누구의 마음에 예수를 팔려는 마음을 집어넣을 수 있는 요소를 없애야 합니다. 예수를 왜 팔까요? 어떤 일이 일어날까요? 예수님이 빠져나가면 우리의 힘, 우리의 주장대로 삽니다. 그렇다면 사탄이 얼마든지 우리를 요리할 수 있게 됩니다. 우리는 예수님이 있음에도 우리의 의지, 뜻, 계획을 중요하게 생각하지 않습니까? 사탄은 얼마든지 그 밑그림을 활용할 것입니다. 그래서 사탄이 그 밑그림을 활용하지 못하도록, 예수를 팔려는 마음을 넣지 못하도록 만드는 싸움이 영적 싸움입니다. 그래서 영적 전쟁은 생각 전쟁입니다. 마음 전쟁입니다.

창세기 3장 1절을 보면 사탄이 가장 간교하다고 이야기합니다. 사탄의 지혜는 하나님을 등지고, 등진 방향으로 가는 간교함입니다. 성경이 뱀의 지혜를 배우라고 한 것은 하나님께로 갈 수 있게 지혜를 쓰라는 것입니다. 솔로몬에게 하나님께서 지혜를 주셨습니다. 지금 하나님의 말씀을 듣는 귀가 지혜입니다. 잠언 27장을 보면 스스로 지혜롭지 말라고 합니다. 스스로 지혜로우면 망한다고 합니다. 예수를 팔아버리면, 예수님께 들을 것이 없어지기 때문에 스스로 지혜로워지려고 합니다. 그래서 스스로 무언가 하려는 독립성이 인생에서 중요한 덕목이 아닐 수도 있습니다. 듣기 거북할 수 있습니다. 스스로 설 수 있게 하는 것이 교육이기 때문입니다. 그러나 성경의 관점은 다릅니다. 이 시대는 그것을 잃어버렸습니다.

하나님을 등졌다는 것은 시간이 지나면 분별하게 됩니다. 누구든지 분별할 수 있습니다. 예수님의 이름을 부르는 사람 중에서 예수님을 파는 사람이 나옵니다. 믿는 사람 중에 예수님을 등지는 사람이 나옵니다. 하나님을 등지고 간 거리가 있습니다. 그렇다면 하나님을 등진 출발점이 있을 것입니다. 저는 하나님을 등진 그 출발점을 알아차리게 해달라고 하나님께 기도합니다. 무엇 때문에 하나님을 팔아버리려고 하는지, 그때 그것을 알려달라고 기도합니다. 시간이 지나서 알아차리기 싫다고 기도합니다.

시간이 지나면 다 압니다. 분별됩니다. 그러나 후유증이 있습니다. 공동체 열매도 보입니다. 잘 믿는 것 같지만 결국 사나워집니다. 판단하는 사람이 많아집니다. 바른 소리는 하는데 냉랭해집니다. 이미 죄에 의해 영향을 받고 있기 때문입니다. 하나님으로부터 돌아서는 그 순간에 하나님의 마음을 볼 수 있다면 얼마나 좋겠습니까? 그래서 저는 그것을 알아차리게 해달라고 기도합니다. 돌이키는 힘 자체가 영적 싸움이니까, 그 영적 싸움에서 이길 수 있는 하나님의 사람이 되게 해달라고 기도하는 것입니다.

기억하십시오. 영적 전쟁은 생각과 마음의 싸움입니다. 전쟁은 목숨을 내놓아야 합니다. 죽느냐 사느냐 하는 문제입니다. 결단이 필요합니다. 밋밋하게 지나갈 수 있는 것이 아닙니다. 아름다우신 주님 뜻을 받아들여야지, 생각은 하지만 잘 안 됩니다. 저는 정말 소원합니다. 날마다 예수님 생각이 나의 생각에 가득하게 해달라고 소원합니다. 그러나 잘 안 됩니다. 그런데 정말 주님을 소원하면 기쁩니다. 소원만 해도 기쁩니다. 소원해서 안 되니까 그것을 만회하려고 애쓰는 것도 이쁘지만, 정말 소원하면 그 소원만으로 기쁩니다. 정말 하나님을 소원하면 그것이 되지 않았는데도 기쁨이 쏟아집니다. 그때 수행할 수 있는 힘이 생기고 에너지가 생깁니다. 그것이 없으면, 참는데! 옳은 이야기를 하는데 자기가 파괴됩니다. 결코 하나님의 사랑이 흘러가지 않습니다.

제가 마음이 상한 적이 있습니다. 신경질을 낼 만했습니다. 그런데 그것이 하나님을 기쁘시게 하지 않는다는 사실을 압니다. 하나님과의 관계에서 의미가 없다는 것을 압니다. 그런데도 잘 안 됐습니다. 그래서 바깥으로 나가 드라이브도 하고 찬송도 하고 기도도 하며, 내 속에 있는 그것을 진멸하려고 했습니다. 아말렉 족속을 끝까지 진멸하지 않아서 생긴 일을 알기 때문입니다. 하지만 이제는 압니다. 내 속에 하나님이 계셔야 합니다.

여러분, 염려 있으십니까? 짜증 나십니까? 충분한 이유가 있습니까? 아닙니다. 짜증이 있다면 지금 하나님과 맞지 않았기 때문입니다. 그냥 들으십시오. 주님과 안 맞을 때 근심과 걱정과 짜증과 불만이 생깁니다. 돌이키셔야 합니다.

> 4 우리의 싸우는 무기는 육신에 속한 것이 아니요 오직 어떤 견고한 진도 무너뜨리는 하나님의 능력이라 모든 이론을 무너뜨리며 5 하나님 아는

것을 대적하여 높아진 것을 다 무너뜨리고 모든 생각을 사로잡아 그리스도에게 복종하게 하니 **고린도후서 10:4-5**

고린도후서는 사도 바울이 사도권에 대한 공격을 받았을 때 쓴 서신서입니다. 헌금에 대한 내용도 있습니다. 어려워진 예루살렘 교회를 돕자는 내용도 있습니다. 7장까지는 사도 바울의 사도권을 변호하면서 영적 전쟁에 대해 이야기하고 있습니다.

너희를 대면하면 유순하고 떠나 있으면 너희에 대하여 담대한 나 바울은 이제 그리스도의 온유와 관용으로 친히 너희를 권하고
고린도후서 10:1

고린도교회가 사도 바울의 사도 직분을 공격했습니다. 논리학에서는 논리가 부족하면, 메신저를 공격하라고 합니다. 사도 바울의 인품을 공격하고 있습니다.

또한 우리를 육신에 따라 행하는 자로 여기는 자들에 대하여 내가 담대히 대하는 것 같이 너희와 함께 있을 때에 나로 하여금 이 담대한 태도로 대하지 않게 하기를 구하노라 **고린도후서 10:2**

사도가 가짜라고 말합니다. 사람들 앞에서는 온유한데, 떠나니까 담대한 척 하면서 편지질이나 한다는 것입니다.

육신에 따라 사는 사람이라고 바울을 공격하고 있습니다. 사도 바울의 독특한 언어 가운데 하나가 육신을 따라가는가 영을 따라가는가, 하는 것입니다. 앞에서 폼 잡고 부드럽고 온유한 척하는데 뒤에서는 무언가 잇속을 챙기고 무언가 세우려고 하는 사람이라는 것입니다. 그런 공격을 당한 것입니다. 온유한 척하는데 속에 야망 있다, 자기 욕구 채우려고 한다! 그런 말을 듣고 사도 바울이 영적 전쟁에 대해 깊이 이야기하고 있습니다. 생각은 나로부터 출발하면 안 됩니다.

고린도교회는 은사가 많았습니다. 하나님을 향한 열심과 갈망이 있었습니다. 그럼에도 분파가 많았습니다. 그리스도파, 게바 베드로파, 아볼로파, 바울파! 네 개의 파가 있었습니다. '예수 믿어야지, 왜 다른 걸 믿어! 그리스도만 따라가면 되지! 교회가 그렇게 원리원칙대로 하느냐, 아볼로처럼 인품이 있어야지! 교회가 사랑이 있어야지!' 다 명분이 있었습니다. 또 바울파는 '바울처럼 선교적 사명이 있어야지! 말씀이 흘러가야지! 자기들끼리만 그렇게 하면 되나?' 했을 것입니다. 사도 바울은 육신을 따라가는 것은 이런 것이라고 이야기하고 있습니다. 바울은 하나님의 능력을 따라가고 있다고 변호하고 있습니다.

> 4 우리의 싸우는 무기는 육신에 속한 것이 아니요 오직 어떤 견고한 진도 무너뜨리는 하나님의 능력이라 모든 이론을 무너뜨리며 5 하나님 아는 것을 대적하여 높아진 것을 다 무너뜨리고 모든 생각을 사로잡아 그리스도에게 복종하게 하니 **고린도후서 10:4-5**

하나님의 능력을 따라가는 것입니다. 하나님의 능력을 따라간다는 것은 무엇입니까? 하나님의 능력을 따라가면 모든 이론이 무너집니다. 하나님 아는 것을 대적하여 높아진 것을 다 무너뜨립니다.

하나님을 아는 것이 '야다' '기노스코'와 같은 '부부 사이의 친밀함'처럼 실제가 되지 못하면 안 됩니다. 모든 생각을 사로잡아 그리스도에게 복종하는 것입니다. 신경질을 낼 만한 상황에서 화를 낸다면, 하나님을 아는 것은 온데간데 없어진 것입니다. 기도하니까 눈물이 나옵니다. 하나님께 죄송하다고 말씀드렸습니다. 저는 하나님 앞에서 우는 것이 부끄럽지 않습니다. 장성한 분량에 이르는 용사의 모습이라고 생각합니다. 모든 생각을 사로잡지 못한 나를 주님 앞에 올려드리고 주님께 주권을 내려놓은 장수가 된 것 같았습니다. "하나님께서 그런 은혜 주셨군요. 이 싸움 지지 않고, 그 옳음 주장하지 않고, 하나님의 마음 받아 내 마음이 녹아져 내리는군요! 주님 영광 받으시옵소서."

    육신을 따라가는 것이 무엇입니까? 우리가 보고, 듣고, 느끼는 것이 있습니다. 사회적으로 합의된 가치를 따라가고 싶어 하는 욕망이 있습니다. 이것이 좋다, 하는 그 가치가 우리 마음에 담겨 있습니다. 만일 아내의 어떤 행동이 거슬릴 때가 있다면 그것이 마음에 들어옵니다. 미우면 미운 것이 마음에 들어오고, 좋으면 좋은 그것이 우리 마음에 들어옵니다. 우리는 마음에 들어온 대로 액션을 취합니다. 눈빛으로 반응합니다. 마음에 담아 놓은 것이 세상의 것입니다. 입으로 선포하는 것도 중요하지만, 우리 마음에는 얼마든지 다른 것이 있습니다. 예수를 팔려는 생각! 가룟 유다의 마음에는 예수님을 따라갔던 모든 순간에, 예수는 우리 민족을 해방시킬 수 있어, 하늘의 지혜도 있어, 새로운 나라가 펼쳐질 때 나는 예수를 통해 한몫할 것이라는 생각이 있었습니다. 그런데 시간이 지날수록 달라집니다. 싹수가 안 보입니다. 세상 끝날이 왔다고 하고, 아버지에게 간다고 하고, 십자가에서 죽는다고 하고, 최후의 만찬에서는 정말 예수가 곧 죽을 것 같았습니다. 가룟 유다의 꿈이 사라진 것입니다. 처참한 환경을 극복할 줄 알았더니 극복할 길이 안 보였습니다. 그래서 예수를 팔아버립니다. 그 욕구가 우리에게 없다고요? 아닙니다. 우리 마음에는 이미 다른 것이 담겨 있습니다. 실상은 예수를 제쳐놓고 무언가를 성취하려고, 스스로 힘을 키우고 조직하고 머리 쓰는 우리들입니다. 이것이 우리의 의지로 바뀝니까? 안 됩니다. 그래서 십자가에서 죽는 것입니다. 휴대폰 하나 못 끊잖아요. 드라마 하나 못 끊잖아요. 그 중독의 성향들! 진짜 우리의 마음에 하나님을 원하는 마음이 있는가? 주님이 주시는 힘과 능력과 긍휼함으로 넉넉하게 이겨가는 은혜가 여러분에게 깊이 일어나기를 예수님의 이름으로 축복합니다.

에필로그

영적 전쟁은 생각 전쟁입니다. 생각, 못 이깁니다. 바뀌지 않습니다. 넣어주는 것을 어떻게 합니까? 근거가 있습니다. 사탄은 밑그림을 보고 넣어줍니다. 가장 강력한 한 가지, 소원하셔야 합니다. 전쟁은 반드시 이겨야 합니다. 앞뒤 가리면 안 됩니다. 부담이 되겠지만 고도의 집중력도 필요합니다. 부담이 되겠지만 정말 소원하는 마음 달라고 기도하셔야 합니다. 그것 없으면 그냥 속습니다.

우리 교회는 교리 공부를 하지 않습니다. 정말 하고 싶은 마음이 많이 올라왔다가도 다시 내려놓습니다. 저에게 책을 세 권 뽑으라면 그 중 하나가 리처드 백스터의 《기독교 생활 지침》이라는 책을 꼽을 것입니다. 3천 쪽 정도 분량인데 3천 쪽 모두가 은혜가 됩니다. 교리 공부하면 성도들은 밝아집니다. 의도하지 않아도 판단이 그냥 됩니다. 칼뱅의 《기독교강요》를 왜 하고 싶지 않겠습니까? 그걸 한다면 반대합니다. 그 책을 읽고 공부하면 밝아지고 선명해집니다. 시원해지고 은혜가 임합니다. 그런데 시원하고 은혜가 임한 것 곱하기 두 배로 판단합니다. 전문직에 있는 친구들이 신학을 공부하고 싶다고 저에게 오면 바로 하지 말라고, 회개하라고 이야기해줍니다. 신학은 그렇게 하는 것 아니라고. 하나님 더 알아가는 좋은 목적으로 하는 것이 아니라고 말해줍니다. 공부 하면 판단이 그냥 됩니다. 다 죽습니다. 무엇보다도 영적 전쟁에 능한 자가 되어, 여러분의 마음에 예수가 있기를 축복합니다. 성경 공부도 언제 해야 하는지 때가 있고 위치가 있습니다. 성경을 분석하고, 개요를 배우고, 조직신학, 구약학, 신약학, 교회사 공부하면 좋습니다. 그러나 누가 배워야 하는지는 다른 문제입니다. 저는 그것을 환영하지 않습니다. 신뢰하지 않습니다. 그리고 많이 확인했습니다. 그렇게 살아가는 것이 아닙니다. 우리 안에 주님 계셔서 주님의 마음으로 사는 것입니다. 그것이 안 되니까 십자가에서 죽고 주님의 마음 볼 수 있는, 그 넉넉한 인생이 펼쳐질 수 있도록 서로 어깨동무하고 긍휼히 여기고 함께 어우러져 나아가는 것입니다. 그 하늘의 아름다움이 이곳에 임하기를 예수님의 이름으로 축복합니다.

사도행전 2:36-42

36 그런즉 이스라엘 온 집은 확실히 알지니 너희가 십자가에 못 박은 이 예수를 하나님이 주와 그리스도가 되게 하셨느니라 하니라 37 그들이 이 말을 듣고 마음에 찔려 베드로와 다른 사도들에게 물어 이르되 형제들아 우리가 어찌할꼬 하거늘 38 베드로가 이르되 너희가 회개하여 각각 예수 그리스도의 이름으로 세례를 받고 죄 사함을 받으라 그리하면 성령의 선물을 받으리니 39 이 약속은 너희와 너희 자녀와 모든 먼 데 사람 곧 주 우리 하나님이 얼마든지 부르시는 자들에게 하신 것이라 하고 40 또 여러 말로 확증하며 권하여 이르되 너희가 이 패역한 세대에서 구원을 받으라 하니 41 그 말을 받은 사람들은 세례를 받으매 이 날에 신도의 수가 삼천이나 더하더라 42 그들이 사도의 가르침을 받아 서로 교제하고 떡을 떼며 오로지 기도하기를 힘쓰니라

10

십자가 생활화가 교회답게 한다!

사도행전 2:36-42

교회다움이 무엇인지 알아야 합니다. 교회다움이 무엇인지 깨닫고 돌이켜, 이 길로 가야지, 그렇게 작정하게 만드는 것이 설교 목적입니다. 교회답게 사는 것이 무엇인지 증언하는 믿음의 증인으로 우뚝 서야 합니다. 교회는 곧 나입니다. 그래서 나답게 산다는 것이 무엇인지 볼 것입니다. 무엇이 나답게 살지 못하도록 했는지도 살펴보고, 그 지점에서 명확하게 회개하게 만들고, 거기서 돌이켜 교회다운 길로 걸어가야 합니다.

교회다움은 무엇일까요? 우리 교회가 유일하게 하는 세미나가 있습니다. 그리스도의 몸, 교회 세미나입니다. 세미나를 하면 보게 되는 것이 있습니다. 교회 아닌 것을 붙들고 살아가는 우리의 모습입니다. 교회 아닌 것을 붙들고 살아가면서 민음의 사람인 것처럼 착각하고 살아가는 우리를 보게 됩니다. 알고 보니 교회가 아니었습니다. 다른 것을 붙들고 교회처럼 사는 삶을 돌이켜야 합니다. 교회가 가야 할 길을 마땅히 가는 것이 교회다운 것입니다. 교회는 방향성이 분명합니다. 그 길은 너무나 선명합니다. 교회는 그리스도의 몸이기 때문에 머리는 예수님이십니다. 그래서 교회는 예수님을 따라가는 것입니다. 그럼 예수님께서는 어떤 길을 가셨습니까? 그 방향을 선명하게 이야기하실 수 있습니까? 동서남북, 그런 방향을 말씀드리는 것이 아닙니다.

예수님께서는 하늘로부터 이 땅에 오셨습니다. 공적인 삶을 사셨습니다. 이적과 능력을 베푸시고 하나님의 나라를 선포하십니다. 삶의 방식, 삶의 방향을 가르쳐주십니다. 그렇게 걸어가라고 우리의 마음과 몸과 영혼을 고쳐주십니다. 선포하고 가르치고 치유하셨습니다. 그리고 예수님은 당신을 따르는 사람들의 마음을 사셔서 십자가로 가셔서 죽으셨습니다. 그리고 부활하셨습니다. 40일 동안 당신의 꿈과 비전과 방향을 보여주시고 하늘로 승천하셨습니다. 그리고 지금 예수님은 하늘 보좌에 계십니다. 예수님의 방향은 뚜렷했습니다. 이 땅에 오셔서 공적인 삶을 사시고 하늘 보좌로 가셨습니다. 교회도 예수님을 따라가다 보면 결국 '세상 밖으로' 갑니다. 교회답다는 것은 출애굽하듯 출세상하는 것입니다. 그런데 많은 이들이 교회다움을 교회다움으로 알지 못하고, 교회 안에서 무언가 이루어내는 것을 축복이라고 생각하고 어떤 성과들을 주님께서 역사하시는 것으로 여깁니다. 교회가 부흥해도 출세상으로 가지 않는다면 교회가 아닙니다. 서로 모여서 기뻐하고 사랑하고 마음 주고 힘을 주고 위로를 준다고 해도 그 방향이 세상 밖으로 가는 것이 아니라면 교회가 아닙니다.

사람은 에덴으로부터 쫓겨났습니다. 기쁨으로부터 쫓겨났습니다. 에덴 밖에서는 만족함이 없습니다. 돈이 있으면, 자녀가 잘 되면, 건강하고 인정 받으면 행복할까요? 아직 그것이 오지 않고, 그것이 이루어지지 않아서 만족함이 없는 것일까요? 아닙니다. 에덴 밖으로 쫓겨났기 때문에 만족함이 없는 것입니다. 그렇다면 하나님께 돌아가서, 하나님이 안 계셔서 기쁨을 찾을 수 없었다고 말해야 하는데, 인간은 하나님 앞에서 보란 듯이 돈으로, 자녀로, 상황과 조건으로 기뻐하려고 합니다. 성경은 그것을 죄라고 말합니다. 세상 안으로 들어가 세상 속에서 기뻐하는 것이 아니라, 세상에서 탈출해서 하나님의 생명, 하나님의 보좌로 가게 하는 것이 교회다운 것입니다. 교회가 되었다는 것은 예수님을 따라가 세상 밖으로 간다는 것입니다.

교회가 그런 우를 범하면 안 됩니다. 제가 30년 목회의 반 정도는 속고 산 것 같습니다. 사이클이 잘못되니까, 열심히 순결하게 주님을 바라보았는데, 정확한 방향이 아니니까 시간이 지나면서 어마어마한 차이가 나게 되는 것을 알게 됐습니다. 저는 교우들을 위로해주고 싶었습니다. 세상에서 너무 수고하고 예배당에 와서 주님을 바라보려고 하는 모습을 보고 위로해주고 싶었습니다. 진심으로 위로해 주고 싶었습니다. 새 힘 나게 해주고 싶었습니다. 그런데 하나님께서는 그런 저에게 불법을 행하는 자라고 하셨습니다. 하나님의 진노였습니다. 하나님께서는 저를 모른다고 말씀하셨습니다. 많은 교우들은 위로 받고 싶어했습니다. 낙망되어서 견딜 수 없다고 했습니다. 그래서 저는 위로 했고 새 힘을 주었습니다. 그리고 교우들은 세상으로 가서 또 열심히 삽니다. 어떻게 열심히 삽니까? 옛 가치로 다시 열심히 삽니다. 알고 보니 교회다움은 세상 안에서 사는 것이 아니라 세상 밖으로 가는 것인데 저는 교우들을 다시 옛 가치로 살게 만들었습니다. '노력하고 무언가 채워서 되는 게 아니구나, 하나님 아니면 안 되는구나.' 하나님으로부터 받은 가르침이었는데, 제가 다시 세상 안으로 주저앉힌 것입니다. 새 힘 얻고 위로 받아서 너무 좋다고 하면서 다시 밝은 얼굴로 세상으로 달려갑니다. 그리고 옛 가치로 다시 삽니다. 그 구조가 보이십니까? 그 구조가 깨져야 합니다.

교회다움! 어떤 길인가! 방향은 너무나 확실합니다. 출세상입니다. 주님이 이 땅에 오셔서 출세상하라고 하셨습니다. 우리가 에덴 밖에서, 기쁨의 모조품, 대체된 기쁨을 찾으려고 헤매니까, 당신께서 친히 이 땅에 오셔서 십자가에서 길을 내신 것입니다. 십자가를 통해 이 세상에서 탈출하라고! 하나님 아버지를 보라고! 십자가가 여기 있다고! 그 길이 교회의 길이고 교회다움의 길이고 우리다움의 길이라고 말씀하십니다.

오늘 말씀은 베드로의 설교입니다. 교회가 시작된 뒤 처음 한 설교입니다. 이 설교는 세상 밖으로 가게 만들어줍니다. 이 시점에 교회가 시작됩니다. 예수님이 승천하셨습니다. 승천하기 전, 많은 우여곡절이 있었습니다. 예수님께서는 제자들에게 예루살렘을 떠나지 말고 성령을 기다리라고 하셨습니다. 성령을 받으면 할 것을 가르쳐주고, 권능을 받아 예수님의 증인으로 사는 것이 무엇인지 알게 할 것이라고 말씀하셨습니다. 마가의 다락방에서 200여 명이 기다렸습니다. 교회는 그리스도의 신부라고 말합니다. 신랑 되신 예수님을 기다리는 신부입니다. 오순절에 성령이 쏟아졌습니다. 제자들이 각기 다른 나라의 말, 방언을 쏟아냈습니다. 200여 명이 외국어로 복음을 이야기하니까, 사람들은 술 취한 것 아니냐고 합니다. 그때 베드로가 설교합니다. 사도행전 2장 14절부터 시작되는 말씀이 그 말씀입니다. 술 취한 것이 아니라 요엘 선지자를 통해 약속하셨던 것이 성취된 것이라고, 성령 충만한 것이라고 말씀합니다. 십자가 사건이 제대로 나타나려면 성령이 오셔야 하는데, 요엘 선지자가 말씀하셨던 것이 오늘 성취된 것이라고! 그리고 다윗 이야기를 합니다. 그 다윗이 말했던 것, 즉 메시야가 오시고, 고난 받으시고, 죽으시고, 하나님께서 살리시고, 다시 하늘로 올라갈 것이라고 하신 그 예언이 이루어진 것이라고 말씀합니다. 그리고 이 예수를 너희들이 죽였다, 그런데 하나님께서는 이 예수를 너희들의 주와 그리스도가 되게 하셨다고 선포했습니다. 그때 그들의 마음이 찔렸습니다. 그들은 예수를 죽일 때, 예수를 죽이는 것에 동의했던 사람들입니다. 십자가에 못 박으라고 소리지르며 동참했던 무리가 예수를 죽인 사람이라고 이야기합니다. 그 심령마다 찔림이 있었습니다. '내가 예수를, 메시야를 죽인 것이구나, 그럼 어떻게 해야 되느냐'고 할 때, 베드로는 회개하라고 선포했습니다. 세례를 받으라, 죄 사함을 받으라, 성령을 받으라고 이야기합니다. 베드로의 설교를 들은 뒤 그들의 의식이 바뀌었습니다. 가치가 바뀌었습니다. 추구했던 방향이 달라졌습니다.

4 사도와 함께 모이사 그들에게 분부하여 이르시되 예루살렘을 떠나지 말고 내게서 들은 바 아버지께서 약속하신 것을 기다리라 5 요한은 물로

> 세례를 베풀었으나 너희는 몇 날이 못 되어 성령으로 세례를 받으리라 하셨느니라 사도행전 1:4-5

예수님께서는 아버지께서 하시는 일을 보지 않고는 아무것도 스스로 행하지 않으신다고 말씀하셨습니다. 니고데모를 알아보시기도 하고, 무화과나무가 죽었는지도 알아보십니다. 예수님은 아버지가 어떤 분이신지를 간접적으로 보여주십니다. 오병이어 기적을 베푸시고, 죽은 자를 살리시고, 38년 된 병자를 고치시고. 그렇게 해서 예수님을 따랐던 하나님의 사람들을 이끌고 예수님은 십자가로 가서 죽으셨습니다. 다 무너진 것 같았습니다. '하나님의 아들이라면 어떻게 십자가에서 죽으실 수 있어!' 제자들은 반감과 회의가 들었지만 예수님은 사흘 만에 부활하셨습니다. 믿을 수가 없어서 손의 못 자국을 보고 옆구리를 찔러봤습니다. 예수님께서는 승천하시기 전에 말씀하십니다. "나 이제 아버지께 가, 성령이 오실 거야, 하나님의 약속이야, 기다려야 해. 거룩한 영, 성령, 나의 영이 오면, 요한은 물 세례로 거듭나게 했지만 성령께서 오시면 마음까지 완전히 거듭나게 될 거야!" 이 상황에서 제자들이 무슨 말을 했는지 보십시오.

> 그들이 모였을 때에 예수께 여쭈어 이르되 주께서 이스라엘 나라를 회복

교회답게 한다! 155

하심이 이 때니이까 하니 **사도행전 1:6**

인간이 이렇게 질깁니다. 제자들은 이때에도 이스라엘의 회복에 마음이 가 있었습니다. "내 어려움의 풀림의 때가 이때입니까? 자녀가 잘 됨의 때가 이때입니까? 내가 많은 멸시와 조롱을 이기고 주님 앞에서 빛날 영광이 이때입니까?" 하는 내용입니다.

베드로가 선포하는 복음을 통해 가치가 바뀌고 바라는 것이 바뀌고 세상의 욕구가 바뀌었습니다. 세상에서 1등 하려는 욕구가 바뀌어버렸습니다.

> 43 사람마다 두려워하는데 사도들로 말미암아 기사와 표적이 많이 나타나니 44 믿는 사람이 다 함께 있어 모든 물건을 서로 통용하고 45 또 재산과 소유를 팔아 각 사람의 필요를 따라 나눠 주며 46 날마다 마음을 같이하여 성전에 모이기를 힘쓰고 집에서 떡을 떼며 기쁨과 순전한 마음으로 음식을 먹고 47 하나님을 찬미하며 또 온 백성에게 칭송을 받으니 주께서 구원 받는 사람을 날마다 더하게 하시니라 **사도행전 2:43-47**

이스라엘은 나라를 잃어버립니다. 로마의 디도 장군에 의해 이스라엘은 완전히 망합니다. 이후 400년간 떠돌이 생활을 합니다. 그런데 역설적으로 로마를 통해 오히려 하나님의 나라가 이루어집니다. 하나님의 역설이 거기에 있습니다. 먼저 하나님을 헤아리는 여러분 되기를 축복합니다.

> 그런즉 이스라엘 온 집은 확실히 알지니 너희가 십자가에 못 박은 이 예수를 하나님이 주와 그리스도가 되게 하셨느니라 하니라 **사도행전 2:36**

확실히 알아야 합니다. 어설프게 알면 안 됩니다. 너희가 십자가에 못 박은 이 예수! 이스라엘 백성이 이 예수를 죽였습니다. 그전에는 예수님께 왕 되어 달라고 붙들었던 백성들입니다. 오병이어 기적을 베푸실 때, 이 예수님이라면 우리가 해방될 수 있겠다고 생각하고 예수님에게 자기들의 왕이 되어달라고 했습니다. 그러나 수가 틀리면 죽입니다. 그것이 인간입니다. 나와 예수님의 수가 틀리니까 그냥 예수님을 죽입니다. 여러분이 살아가는 방식과 교회의 방식이 다르면 교회 잡습니다. 목사 잡는 것 또한 일도 아닙니다. 놓는 수가 다르고 길이 다르고 걸어가는 방향이 다르기 때문입니다. 주님의 방향은 단 하나, 출세상입니다. 여러분의 수는 세상에서 번성하는 것입니다. 가정에서도 뭔가 수를 둡니다. 아무리 뛰어나도 판단하는 사람은 교회를 책임지지 않습니다. 주님께서는 당신의 마음을 주십니다. 주님이 주신 그 사명과 마음을 다하고자 하는 것이 책임감입니다. 우리의 수가 아니라 하나님의 수를 따라가야 합니다. 그 하나님의 수를 볼 수 있는 믿음의 안목이 있어야 교회다운 것입니다. 아멘 소리가 작은 이유는 우리들의 바람과 달라서입니다.

출애굽은 구원의 모형입니다. 하나님께서 비참한 삶에서 그들을 구원하시기로 하셨습니다. 백성들이 위험에 처했습니다. 우리 관점으로 볼 때 그들은 계속 애굽에서 살아야 합니다. 종살이 했던 그들을 그 상황, 즉 애굽에서 성공시켜야 합니다. 그것이 우리의 욕구입니다. 그런데 하나님은 애굽으로부터 그들을 이끌어내서 광야로 이끄십니다. 우리 수와 다릅니다. 그래서 우리는 예수를 죽인 것입니다. 당시 모든 사람이 몰려가서 성공하고 싶은 곳은 애굽이었습니다. 서울 가서 살고 싶고, 좋은 대기업 가고 싶은 마음과 마찬가지입니다. 그런데 하나님은 애굽이 아니라 광야로 데리고 가십니다. 이 하나님의 수를 신뢰할 수 있습니까? 하나님을 바란다고요? 광야로 끌고 가면 우리는 사탄의 품이 좋았다고 말하며 그냥 예수를 죽입니다.

여러분도 지금 심각해졌습니다. 우리의 바람과 설교가 맞지 않기 때문입니다. 아멘 소리가 이렇게 작을 리 없습니다. 맞는 이야기인데 마음에 안 들고 정서에 안 맞기 때문입니다. 저는 하나님의 방식이 읽혀지면, 주님께 집중하고 싶어집니다. 집중하지 않으면 정말 이해가 안 됩니다. 애굽에 머무르게 해서 모든 것을 섭렵해서, 그곳에서 최고가 되어서 사람들로 하여금 "역시 하나님이면 돼!" 하면서 따라오게 하면 되는 것 아닙니까? 광야로 끌고 가는 것은 엉뚱한 일이 아닙니까? 납득이 안 되어도 그것이 하나님의 뜻인지 알아야 따라갈 것 아닙니까? 몰라도 하나님의 뜻이라면 따라갑니다. 모르는데 하나님의 뜻인지 아닌지 어떻게 압니까? 그래서 저는 하나님께 집중하고 싶은 것입니다. 시간을 조정하고 지적인 영역을 넓히고 스펙을 쌓는 수를 두지 않고 하나님 따라가고 싶다고 무릎 꿇습니다. 그래서 집중합니다. 집중해도 들리지 않으니까 살려 달라고 회개하며 돌이킵니다. "나, 하나님의 뜻을 알아야 합니다! 애굽이 아니라 광야로 이끌어가는 그 수가 무엇인지 납득되는 하나님의 사람이 되고 싶어요!" 그게 교회다움입니다. 나다움입니다.

40 이스라엘 자손이 애굽에 거주한 지 사백삼십 년이라 41 사백삼십 년이 끝나는 그 날에 여호와의 군대가 다 애굽 땅에서 나왔은즉

출애굽기 12: 40-41

여호와의 군대!! 이것이 하나님의 방식입니다. 주님께서 유월절 밤에 애굽을 초토화시키셨습니다. 양을 잡아 먹게 하고 밤에 급히 빠져나오게 하셨습니다. 100만 명이 애굽으로부터 탈출한다고 상상해 보십시오. 하나님께서는 이들을 여호와의 군대라고 하십니다. 그런데 군대 맞습니까? 군대는 훈련된 것이 있습니다. 질서정연하게 나와야 하는데, 100만 명이 나오는 모습이 어떠했을까요? 짐을 챙기고 아기들 챙기고 가축 챙겼을 것입니다. 유니폼 같은 것도 없습니다. 100만 명이 탈출하는 모습은 군대의 모습입니까? 피난민의 모습, 거지떼 같은 모습 아니었을까요? 그런데 하나님께서는 하나님의 군대라고 하십니다. 하나님의 수가 무엇일까요? 그 모습이 군대로 보이는 하나님의 수는 무엇일까요? 그래서 저는 하나님께 주목합니다. 개를 데려갈 때 잘 따라오지 않는 개도 있었을 것입니다. 단체 유니폼 같은 것도 안 입고, 괴나리봇짐 다 메고, 애들도 둘러메고, 금과 은, 보물도 다 챙겨서 나오는 그 장면을 떠올려 보십시오. 허겁지겁 나오는 표정이 있었을 것입니다. 적지않은 애들은 징징거리고, 그것이 군대의 모습입니까? 이들은 광야 40년 동안 옷 한 벌로 버텼습니다. 만나가 있고 메추라기가 내려오니 얼굴도 포동포동 이뻤을까요? 광야의 땡볕과 바람 한 번 맞아보십시오. 완전 거지입니다. 거지 행렬 100만 명이었습니다. 그런데 하나님의 군대라고 하십니다. 하나님께서 일하시는 방식은, 그 사람의 잘남이나 능력이 아니라 100퍼센트 하나님의 능력으로 행하신다는 뜻입니다. 이 땅에서 허우적대는 인생이 출세상하지 못하니까, 100퍼센트 당신의 힘을 통해 역사하시려고, 이 땅에 오셔서 출세상할 수 있는 길을 내시는 것입니다. 하나님의 방식을 깊이 이해할 수 있도록 하나님께 주목하는 믿음이 일어나기를 축복합니다.

> 37 그들이 이 말을 듣고 마음에 찔려 베드로와 다른 사도들에게 물어 이르되 형제들아 우리가 어찌할꼬 하거늘 38 베드로가 이르되 너희가 회개하여 각각 예수 그리스도의 이름으로 세례를 받고 죄 사함을 받으라 그리하면 성령의 선물을 받으리니 **사도행전 2:37-38**

출세상할 수 있는 길이 나옵니다. 회개하는 것입니다. 세례를 받고 죄 사함을 받고 성령을 받는 것입니다. 중요한 원리입니다. 회개를 가볍게 여기지 않고, 진심으로 회개하는 복 받기를 축복합니다. 하나님께서는 반드시 감동을 주십니다. "하나님의 뜻대로 살아야 한다, 하나님을 바라봐야 한다, 하나님의 마음은 이런 것이란다" 하는 감동을 주십니다. 그래서 하나님을 알고 싶다는 마음이 들어옵니다. 이때 그냥 넘어가면 안 됩니다. 하나님께서 영적인 은혜를 베풀어주십니다. 그런 감동이 있을 때 우리는 우리가 참 더럽다는 것을 보게 하십니다. 그래서 믿음 이전에 회개입니다. 믿고 싶은 감동은 믿음 아닙니다. 그건 감동입니다. 하나님 바라봐야지, 하는 것은 믿음이 아니라 감동입니다. 그 감동이 주어졌을 때 자신을 보게 됩니다. 이렇게 살면 죽는다는 것을 알게 됩니다. 그때 바로 그것을 돌이켰을 때 믿음이 옵니다. 돌이키지 않으면 큰일난다고! 바로 그 내용을 회개해야 합니다. 그래서 회개하고 복음을 믿으라고 한 것입니다. 바로왕은 열번까지 하나님의 감동을 받았습니다. 감동을 받으면 하나님을 압니다. 바로의 애굽은 당대 최고의 힘과 권력과 지혜를 가졌습니다. 온 세상을 지배할 수 있었습니다. 그런 바로왕이 거지떼들, 노예들에게서 하나님의 능력을 느낍니다. 그 기운을 심하게 느낄 때는 하나님의 말씀을 듣지만, 하나님의 그 기운과 임재가 떠나간 것 같으면 또 옛 마음이 강해집니다. 분노가 치밉니다. "아니, 저런 노예들이, 저따위 노예들이, 최고의 강대국인 나에게 어떻게 이럴 수 있어!" 성경에는 바로왕이 회개하는 장면이 안 나옵니다. 속에서 불쑥거리면 하나님 앞에 엎드려서 회개거리를 달라고 기도하셔야 합니다.

이스라엘 백성은 군대도 아닙니다. 바로가 하나님의 임재가 사라지니까 온 군대를 몰고 쫓아옵니다. 그때 하나님께서 불기둥으로 막아버리십니다. 다소의 사울이 다메섹 길 위에서 정오의 강렬한 빛보다 더 강력한 빛을 만납니다. 눈이 멀어버립니다. 바로 군대 앞에 불기둥이 임하면 눈이 힘들어집니다. 헤매고 있다가 그 빛이 거두어지니, 그때 홍해가 갈라진 길 끝쪽으로 백성들이 건너가고 있었습니다. 그때 바로 군대가 따라갔다가 몰살당했습니다. 바로에게는 회개가 없었습니다. 회개가 체질화되기를 예수님의 이름으로 축복합니다. 우리의 체질은 죄의 체질입니다. 체질 자체가 죄입니다. 주님을 바라보려면 우리 체질이 회개의 체질로 바뀌어야 합니다. 회개하는 체질이 되어야 합니다. 깨달음이 있어도, 존재가 죄의 체질이라 죄로 돌아갈 수밖에 없습니다. 그래서 회개의 체질로 바뀌어야 합니다. 회개의 체질로 바뀌려면 세례가 있어야 합니다. 죽음이 있어야 합니다. 우리가 십자가에서 죽고, 내가 세상에 대해 죽고, 세상이 나에 대해 죽어야 합니다. 죄 사함 받는 사람에게 성령을 주십니다. 성령을 어떤 파워풀한 것으로 오해하면 안 됩니다. 우리 마음이 세상의 것에 솔깃하지 않고 출세상할 수 있도록 마음을 붙드시는 것이 성령의 역사입니다.

골로새서 3장 1-4절 말씀, 바울을 통해 말씀하셨습니다. 십자가로 말미암아 다시 살리심을 받았거든 위의 것을 찾으라고 하셨습니다. 다시 살리심은 부활이요 거듭남입니다. 거듭남은 이 땅에서 필요합니다. 천국에서는 부활할 필요가 없습니다. 이 땅에서 살려고 하니까 부활이 필요합니다. 다시 살리심을 받은 사람의 몸은 여기 이 땅에 그대로 있습니다. 그래서 거듭남이라는 것은 마음이 할례를 받은 것입니다. 마음이 바뀐 것입니다. 몸이 마음을 통해 세상을 받아들이는 것이 아니라 출세상하라는 말씀을 마음이 받아들인 것입니다. 우리 몸을 통해서는 수많은 것이 들어옵니다. 그런 것들이 다 마음에 담기지만 그것을 다 품지 말고 마음은 하나님만을 바라봐야 합니다. 그래서 마음이 할례 받았을 때 하나님 계신 곳으로 뚜벅뚜벅 출세상할 수 있습니다. 성령이 똑같은 개념입니다. 우리 육을 통해 보고 들은 것들이 마음에 들어와 우리를 흔들고 세상을 담으려고 합니다. 그러나 그것이 마음에 담길 수 없게 하는 것이 성령의 역사입니다. 출세상할 수 있도록 마음을 붙잡고 하늘을 향해 한 걸음 한 걸음 가게 하는 그 성령을 선물로 받아야 합니다. 그리고 이 패역한 세대에서 구원을 받으라고 하십니다. 마음에 다른 것을 담으려는 세대에서 마음이 거듭나, 성령의 힘으로 세상에서 벗어나라는 것입니다.

많은 사람이 위로 받아서 힘 났다고 말합니다. 그러나 세상에서 너끈히 살 수 있는 그 힘이 옛 가치로 사는 것이라면 저주 받은 목사의 설교를 들은 것입니다. 세상에서 성공하는 것이 아니라 세상을 너끈하게 이기는, 거지꼴을 하고 있는 백성들도 하나님의 군대로 삼으시는 하나님의 역사를 바라보는 출세상의 역사가 여러분의 삶에 깊이 일어나기를 예수님의 이름으로 깊이 축복합니다.

에필로그

하나님께 주목한다는 것은, 하늘 세계를 본 것도 있지만, 하나님의 강력한 일방적인 은혜 같습니다. 하나님을 '1' 정도 소원했는데 '1' 만큼 주시는 것이 아니라 '100'에 근접하도록 주시는 것 같습니다. 하나님을 갈급하는 것이 '2' 정도였는데 하나님께서는 '100'에 근접하도록 당신의 마음을 보여주시는 것 같습니다. 이스라엘 백성은 여호와의 군대가 될 수 없었습니다. 그런데 하나님께서는 그렇게 이끌어 가셨습니다. 저는 그 방식을 알아가고 싶습니다. 알아야겠습니다. 또 하나님의 사람으로 그것을 알게 됐을 때, 우리를 통해 하나님의 군대라고 말씀하시는 하나님의 영광이 드러날 것 같습니다. 저를 통해 하나님을 수치스럽게 만들고 싶지 않습니다. 이제 결론 내려야 합니다. 교회다움은 출세상입니다. 우리가 교회답다는 것은 우리가 출세상의 길로 가고 있는가, 하는 것입니다. 우리 모두가 그 은혜의 물결 가운데 넉넉하게 하나님의 군대로 서 있기를 예수님의 이름으로 축복합니다.

십자가
생활화로

11. 십자가 생활화로 **불 칼을 넘어라!** 창 3:22-24, 요 8:44
12. 십자가 생활화로 **종노릇을 끝장내라!** 갈 6:6-16
13. 십자가 생활화로 **삶을 풀어 내라!** 마 8:1-13
14. 십자가 생활화로 **수고가 헛되지 않게 하라!** 시 127:1-5
15. 십자가 생활화로 **생의 갈증을 깨뜨린다!** 사 40:1-5

창세기 3:22-24
22 여호와 하나님이 이르시되 보라 이 사람이 선악을 아는 일에 우리 중 하나 같이 되었으니 그가 그의 손을 들어 생명 나무 열매도 따먹고 영생할까 하노라 하시고 23 여호와 하나님이 에덴 동산에서 그를 내보내어 그의 근원이 된 땅을 갈게 하시니라 24 이같이 하나님이 그 사람을 쫓아내시고 에덴 동산 동쪽에 그룹들과 두루 도는 불 칼을 두어 생명 나무의 길을 지키게 하시니라

요한복음 8:44
너희는 너희 아비 마귀에게서 났으니 너희 아비의 욕심대로 너희도 행하고자 하느니라 그는 처음부터 살인한 자요 진리가 그 속에 없으므로 진리에 서지 못하고 거짓을 말할 때마다 제 것으로 말하나니 이는 그가 거짓말쟁이요 거짓의 아비가 되었음이라

11

십자가 생활화로
불 칼을 넘어라!

창세기 3:22-24, 요한복음 8:44

우리는 기뻐하려고 합니다. 기쁨을 통해서만 참된 만족이 있고 사랑할 수 있는 힘이 생기기 때문입니다. 주님을 깊이 만나면 '예, 주님! 옳습니다' 하는 부분이 있습니다. 주님은 늘 기쁨으로 끝나게 만드십니다. 사랑도 기쁨으로 귀결됩니다. 진리입니다. 인생은 기쁨에 대한 근본적인 목마름이 있습니다. 기쁨에 대한 목마름을 채울 수 없는 이유를 오늘 말씀을 통해 볼 것입니다. 왜 원천적으로 기쁨이 충족되지 않는지를 볼 것입니다. 그리고 그 기쁨을 찾게 할 것입니다.

아담과 하와가 에덴으로부터 쫓겨났습니다. 에덴의 뜻이 기쁨입니다. 그래서 기쁨으로부터 쫓겨난 것입니다. 인간은 속으로부터 기뻐하고자 하는 욕구가 있습니다. 그래서 에덴으로 돌아가고자 합니다. 그런데 오늘 말씀은 에덴에 화염검, 불 칼을 두었다고 하십니다. 그렇다면 어떻게 그 에덴으로 들어갈 수 있을까요?

이스라엘 백성이 하나님의 강권하심으로 출애굽했습니다. 백성들의 힘이 아니었습니다. 하나님의 힘으로 하신 것입니다. 신학에서 출애굽을 구원의 모형이라고 하는데 다 맞는 말은 아닙니다. 하나님의 은혜로 된 것이기에 구원의 모형은 맞지만 또 온전한 모습은 아닙니다. 출애굽은 이스라엘 백성들의 지혜와 능력으로 한 것이 아닙니다. 구원 받은 것은 사실입니다. 그러나 그들의 몸은 애굽을 떠났지만, 마음은 애굽에서 떠나지 못했습니다. 그들의 몸은 애굽을 탈출해서 광야에 있었지만, 마음은 여전히 애굽으로 돌아가고자 했습니다. 하나님이 어찌 우리를 여기로 이끌어 우리를 망하게 하려는가, 불평하면서 애굽을 꿈꾸었습니다. 그것은 구원이 아닙니다.

성경은 출애굽의 모습을 통해, 출세상을 하라고 이야기합니다. 출세상은 몸의 문제가 아닙니다. 마음의 부분입니다. 마음이 세상으로부터 탈출하는 것은 인위적인 노력이나 능력으로 되지 않습니다. 마음이 출세상하려면 십자가에서 예수님과 함께 죽지 않으면 안 됩니다. 출세상이 실제 되려면 우리 마음에는 십자가가 필요합니다.

믿음의 원어는 '크레도'입니다. 크레도는 하나님께 마음을 드리는 것입니다. 사도의 고백입니다. 사도신경에 나오는 '믿사오니'라는 단어가 크레도입니다. 심장을 꺼내 드린다는 뜻입니다. 마음을 드리는 것이 믿음입니다. 우리는 믿음으로 구원받습니다. 마음을 드렸기 때문에 구원받는 것입니다. 그렇다면 누구나 믿음을 측정할 수 있습니다. 마음이 어디 가 있는 건지, 마음에 무엇을 담고 있고, 무엇을 담으려고 노력하는지를 보면, 믿음이 있는지 없는지 알 수 있습니다. 구원은 몸만 나오는 것이 아니라, 마음을 하나님께 두는 것입니다. 그것이 믿음입니다.

마태복음 8장, 마가복음 4장, 누가복음 8장을 보면 바다와 바람을 잠잠케 하신 예수님이 나옵니다. 요한복음 6장은 조금 다른 배경이 있습니다. 예수님께서 급하게 제자들을 불러 모으신 뒤 바다 저편으로 가자고 말씀하십니다. 말씀하시면 이루어집니다. 인도함을 받는다 할 때, 시편 23편 이미지로 인자하고 능력 있으신 주님이 앞장 서시고 양들이 따라가는 인도함의 풍경만 떠올린다면, 욕심에 쓰러질 수 있습니다. 믿음이 썩습니다. 인도함은 그냥 예수님을 따라가는 것입니다.

언제 어디서든, 어떤 환경에서든! 그분이 주인이시라면 그렇습니다. 주님을 따라갔더니 광풍이 불었습니다. 폭풍이 일어났습니다. 주님의 인도함을 받았는데 삶은 엉망진창이 됐다는 말입니다. 우리는 종이고 주님은 주인이시니 따라갔는데, 인생이 부도가 났다는 것입니다. 시한부인생이 된 것입니다. 주님을 따라갔더니 삶이 꼬인 것입니다. 광풍, 폭풍입니다. 주님을 따라갔는데 풍랑이 일어났습니다. 그때에도 우리는, 주님! 할 수 있을까요? 관건은 마음입니다.

> 예수께서는 고물에서 베개를 베고 주무시더니 제자들이 깨우며 이르되 선생님이여 우리가 죽게 된 것을 돌보지 아니하시나이까 하니
>
> 마가복음 4:38

신앙에서 어려운 일이 생겼을 때 주님을 찾아가는 것은 좋은 태도입니다. 강단에서, 삶이 힘들고 어려울 때 살아계신 하나님께 가야 한다고 말하지 않습니까? "주님, 저를 돌보지 않고 무엇을 하시는 것입니까? 주님이 지켜주셔야 저는 설 수 있습니다!" 신앙고백에 전혀 하자가 없는 것처럼 보입니다. 주님을 찾아가서 주님을 깨웠습니다. 열심을 부렸습니다. "주님, 들으시옵소서! 주께서 돌보지 않으시면 우리 망합니다. 내일이면 엉망진창이 됩니다, 주님!" 이런 믿음이 믿음이 아니라고

한다면 얼마나 황당하겠습니까?

제가 부족한 것 압니다. 그런데 저는 주님 앞에 진심이 있었습니다. 그런데 주님께서 저를 도무지 모른다고 하셨습니다. 제 믿음을 전혀 인정해주지 않으셨습니다. 귀신 떠나가고, 치유 사역도 하고, 수천 명 앞에서 말씀 선포하면 장로님들 권사님들이 회개했습니다. 그런데도 주님은 저를 모른다고 하셨습니다. 불법을 행하는 자들아, 떠나라고 하셨습니다. 주님이 모른다고 하시면 바로 떠오르는 것이 지옥입니다. 존재적으로 지옥이 느껴지면 무릎이 그냥 꺾입니다. 생각이 멈춥니다.

> 예수께서 깨어 바람을 꾸짖으시며 바다더러 이르시되 잠잠하라 고요하라 하시니 바람이 그치고 아주 잔잔하여지더라 **마가복음 4:39**

주님께서 말씀하시면 그대로 됩니다.

> 이에 제자들에게 이르시되 어찌하여 이렇게 무서워하느냐 너희가 어찌 믿음이 없느냐 하시니 **마가복음 4:40**

주님께서는 그 상황을 무서워하는 제자들을 나무라고 계십니다. 집이 휘청거리고, 자녀들이 휘청거리고, 전쟁이나 지진

이 생기면 마음은 두려워합니다. 그런데 주님께서는 꾸짖습니다. 믿음이 없다고 하십니다. 이 어려운 시기에 예배드립니다. 마음 모으느라 애씁니다. 삶에 꼬인 것이 많은데 그럼에도 정돈하고 정돈해서 예배드립니다. 그렇다면 하나님, 그거 좀 알아주시면 안 됩니까? 그런데 주님은 그 어려운 때 주님을 깨워 그렇게 이야기한 것을 믿음 없다고 하십니다. 왜 그러셨을까요? 저는 존재적으로 깨달아집니다.

믿음은 마음을 꺼내서 주님께 드리는 것입니다. 출애굽한 이스라엘 백성의 마음은 애굽에 가 있었습니다. 주님을 깨운 제자들의 마음은 주님께 가 있지 않고 문제 해결에 가 있었습니다. 실상 그들이 간절하게 부르짖은 것 같지만, 마음이 가 있었던 것은 풍랑이 잠잠해지는 것이었습니다. 그것은 믿음이 아니라고 주님께서 말씀하신 것입니다. 그게 믿음이라고 한다면, 우리는 스스로 우리 믿음을 측정할 수 있습니다. 이것을 측정하지 못하면, 반드시 옳은 사고, 누구나 좋다고 말하는 그 일을 하고자 하지만 사실은 믿음이 없는 인생이 되는 것입니다.

> 여호와 하나님이 이르시되 보라 이 사람이 선악을 아는 일에 우리 중 하나 같이 되었으니 그가 그의 손을 들어 생명 나무 열매도 따먹고 영생할까 하노라 하시고 **창세기 3:22**

아담과 하와가 선악과를 따 먹고 저주를 받았습니다. 에덴에서 쫓겨났습니다. 쫓겨난 죄목은 22절입니다. 우리 중 하나같이 되었다는 것은 하나님처럼 되었다는 것입니다. 하나님의 대표적 속성은 전지전능입니다. 하나님께서 모르시는 것이 없다는 것은 우리를 자유케 합니다. 우리 마음을 아시기 때문입니다. 무엇을 꿈꾸고 있고, 어떤 의도가 있는지, 어떤 것을 회개해야 하고 무엇을 고집부리고 있는지 아십니다. 그래서 시원해졌습니다. 이미 아시는 하나님이시기에 회개가 쉬워졌습니다. 들킬까 봐 숨고, 감추고 하는 수치감에 파묻히지 않습니다. 두려운 것도 있습니다. 선한 것으로 위장할까 봐 그렇습니다. 돌이키는 힘이 무엇인지, 그 자유가 무엇인지 알기를 예수님의 이름으로 축복합니다.

하나님처럼 되었다는 것은 전지성을 말하는 것이 아닙니다. 전능성도 아닙니다. 전지성도 없고 전능성도 없으면서 하나님 행세를 하려고 하니 얼마나 힘들겠습니까! 거기에 하나님의 저주까지 있으니 인간이 얼마나 힘들겠습니까? 하나님께서 말씀으로 세상을 창조하셨다는 것을 믿으십니까? 창조론자와 진화론자가 논쟁하는 것이 잘 이해가 안 갑니다. 창조론 관점으로 6천 년 정도 됩니다. 진화론 관점으로는 수억 년이 나옵니다. 믿음 안에 들어오면 논쟁할 일이 아닙니다. 이 강대상을 오늘 만들었다 해도, 이 강대상의 재료는 오래 된 것일 수 있습니다. 한 장로님이 금강송으로 정자를 만들었다고 이야기 하는데, 금강송이 최소한 500년 됐다고 말합니다. 정자를 만든 재료가 천년 된 금강송이었다면 천년 된 것입니다. 천지를 만드실 때 25억 년 된 재료로 만드셨다면 25억 년 전 것입니다. 그것을 왜 논쟁하는지 모르겠습니다. 말씀으로 하늘, 바다를 만드시고, 코에 생기를 불어넣으시고 당신의 형상도 집어넣으시고 당신의 성질까지도 집어넣으시는데 말입니다. 하나님처럼 됐다는 의미는 전능성이 아닙니다. 선악을 아는 일에 우리 중 하나 같이 되었다는 것은 스스로 판단하는 힘을 가졌다는 뜻입니다. 판단은 하나님의 영역입니다. 전지성도 없고 전능성이 없으면서도 하나님처럼 판단한다는 것입니다. 그것이 하나님처럼 된 것이라는 말씀의 뜻입니다. 제가 죄인 중에 상 죄인이었다는 것이 바로 그것입니다. 어쩌면 그렇게 판단했는지! 칼질하고, 정돈하고, 구분하고! 그렇다면 하나님께서 말씀하시는, 네가 나처럼 됐다는 그 사람이 아담과 하와가 아니라 여러분일 수 있습니다. '스스로'라는 말처럼 어처구니없는 말은 없습니다.

만일 우리가 죄가 없다고 말하면 스스로 속이고 또 진리가 우리 속에 있지 아니할 것이요 **요한일서 1:8**

스스로 죄가 없다고 말하면 망합니다. 잠언에 '스스로'라는 말이 참 많이 나옵니다. 스스로 지혜로운 자, 스스로 문제 해결하는 자, 스스로 슬기롭다고 여기는 자, 다 망했습니다. 주님과 연합함으로 주님의 생각이 깃들어, 주님의 시선으로 바라보는 안목이 열려지기를 기도하며, 하나하나 이루어지는 것을 감사하고, 그 감사가 거듭되어 사랑이 들어와 넉넉하게 주님 바라볼 수 있는 너그러움이 임하기를 축복합니다.

> 여호와 하나님이 에덴 동산에서 그를 내보내어 그의 근원이 된 땅을 갈게 하시니라 **창세기 3:23**

스스로 판단하는 자리에 있었던 그들에게 하나님께서 내리신 저주는 에덴에서 쫓아낸 것입니다. 에덴에서 쫓겨난 것은 정말 심각한 것입니다. 여러분의 땅, 여러분의 수고의 총합, 여러분이 애쓰고 노력하는 총합, 그것이 에덴에는 모두 있습니다. 부교역자 때 자전거를 딸에게 사줬는데, 교회 앞에서 잃어버렸습니다. 산 뒤에 바로 잃어버렸습니다. 은혜가 떨어집니다. 새 차 사고 바로 잃어버렸는데 기뻐할 수 있을까요? 크면 클수록 감당 못합니다. 에덴은 더 큰 것입니다. 우리는 그렇게 큰 에덴을 잃어버린 것입니다.

저주는 배를 땅에 대고 살아야 하는 것입니다. 배는 욕망입니다. 우리 욕망을 채우려면 반드시 땅에 배를 대야 합니다. 흙을 먹어야 만족할 수 있다는 것이 저주입니다. 땅에서 기쁨을 찾는 것이 저주입니다. 우리는 기쁨으로부터 떨어져 나간 존재입니다. 이 땅에서 기쁨을 못 찾았기 때문에, 우리에게 기쁨이 충만하지 않은 것이 아닙니다. 에덴에서 쫓겨났기 때문에 기쁨이 없는 것입니다. 그래서 그토록 열심히 기쁨을 찾고자 애써도 결코 만족할 수 없습니다. 빨리 깨달아야 합니다. 그런데 우리는 계속 기쁨을 위해 무언가를 합니다. 그토록 수고하고 애씁니다. 그러나 결코 만족할 수 없습니다. 사탄이 우리를 그렇게 속인 것입니다.

사탄이 우리를 죽였습니다. 하나님께서는 선악과를 먹으면 정녕 죽으리라 말씀하셨습니다. 우리는 죽었습니다. 속아서 죽었습니다. 그런데 사탄은 속입니다. "거봐, 안 죽었잖아!" 하고 속였습니다. 우리 코 끝에 호흡이 남아있다고, 그래서 살아 있다고 속였습니다. 숨 쉬고 있으니 살아 있다고 속인 것입니다. "하나님 없이도 에덴 안에서처럼 기뻐할 수 있어! 성공해 봐, 남들이 볼 때 우러러보는 삶을 살아 봐!" 사탄이 우리를 그렇게 속인 것입니다. 에덴적 환경, 그 모조품을 이 땅에서 갖추면 행복할 것이라고 속인 것입니다. 그런데 우리는 행복해지지 않습니다. 노력해도 안 됩니다.

속은 것 가운데 대표적인 것이 자녀입니다. 자녀가 잘 되면 행복하다고 생각합니다. 자녀를 통해 기쁨을 얻으려고 얼마나 수고하고 애씁니까? 수고하고 애쓸수록, 돈을 벌려고 할수록 우리 속은 탑니다. 무엇이 되려고 노력할수록 속만 탑니다. 1만 명 목회하면 행복할 줄 알았는데, 속은 다 썩습니다. 주님의 일을 한다는데 이가 다 빠지고 몸은 왜 이렇게 다 망가질까요? 제 마음에 주님이 계시지 않은 것을 깨달았습니다. 그것이 죄인의 모습이었습니다. 무엇을 채워서 기뻐하고자 하는 요소를 봐야 합니다. 마음에 무언가 충족시키면 기쁠 것 같아서, 우리는 자녀, 재정, 상황, 환경을 계속해서 마음에 들여놓습니다. 그리고 계속해서 하나님의 능력을 가져다 쓰고, 종교적 열심을 부리고, 헌신하고 노력하는데 안 됩니다. 믿음이 아니기 때문입니다. 마음에는 주님이 계셔야 하기 때문입니다. 목회는 마음에 채워졌는데, 실상 마음에 채워진 것은 하나님이 아니었습니다. 죄인이었습니다. 그것을 깨닫는 순간, 가치가 바뀝니다. 귀로만 듣던 하나님이 실제로 보입니다. 감각적인 것을 이야기하는 것이 아닙니다. 눈으로 봤다는 것은 하나님을 보니까 실제로 하나님을 아는 것입니다. 마음에 다른 것이 들어올 때마다 통증이 느껴지고, 예수님과 연합하지 못해서 아픈 것입니다. 욥이 하나님을 실제로 봤다는 의미가 그런 의미입니다. 그 고통과 상실을 통해, 그것이 모두 떠나가니까, 그것이 마음에 가득했다는 것을 깨닫고 나니 비로소 하나님이 보인다는 것입니다. 그 믿음이 회복되기를 축복합니다. 인간이 그 죄인의 모습을 알지 못하면, 에덴을 끝없이 추구하면서 하나님을 부르는 것 같지만 마음에서 다른 것을 추구하는 것을 모릅니다. 그래서 에덴에 그 죄인의 모습으로 들어오면 큰일나니까 하나님께서 보호하기 위해서 불 칼을 세우신 것입니다. 죄인의 모습으로 무엇을 채우려고 하나님을 찾을 때, 속이 시커멓게 타들어가는 것 깨달아야 합니다. 죄인의 모습으로는 에덴에 들어갈 수 없고, 하늘의 기쁨을 누릴 수 없습니다. 죄가 빨리 깨달아져야 합니다. 빈말로 하는 이야기가 아닙니다. 십자가가 현실되도록 기도 많이 하는 것이 그냥 되는 것이 아닙니다.

십자가에서 죽은 것이 현실 되기 위해서는, 죄인이라는 전제가 되어야 합니다. 그 전제가 없으면 잘난 척하다가 끝납니다. 예수님이 나를 구해주지 않으면 안 된다는 절절함과 절박함이 없으면 안 됩니다. 그 절박함이 있어도 우리는 죄를 짓고 또 넘어집니다. 그때에도 십자가로 달려가야 합니다. 죄의 속성을 이해해야만 주님을 바라보는 유익이 커집니다. 제가 '불멍'을 좋아합니다. 과거, 명절에 불멍을 하는데 너무 좋았습니다. 울산에 가면 정유공장이 있습니다. 성석동 일대에도 아파트가 들어온다고 하는데 만일 근처에 정유공장이 들어왔는데 여기서 불멍을 하면 어떻게 됩니까? 모닥불을 지필 수 있는 환경이 되니까 모닥불도 지피는 것입니다. 큰 불멍을 보고 싶다고 정유공장에 불을 내면 어떻게 됩니까? 상상불허의 폭발이 일어날 것입니다. 불의 속성은 똑같습니다. 모닥불을 피울 환경이니까 모닥불입니다. 정유공장의 조건과 환경이라면 그 불은 감당이 안 됩니다. 원자폭탄을 불멍하기 좋다고 터트리면 어떻게 됩니까? 불의 속성은 같습니다. 환경이 다를 뿐이고 조건이 다를 뿐입니다. 죄가 그렇다는 것입니다.

제가 폼 잡아도 환경이 바뀌면 저는 금방 악마가 됩니다. 저는 그것을 잊지 않습니다. 지금 잘하는 것으로 여러분의 믿음을 과신하면 안 됩니다. 그래서 날마다 십자가입니다. 상황과 조건을 갖추면 얼마든지 타락할 수 있는 것이 우리들입니다. 다윗도 그랬습니다. 다윗이 그랬다면 우리도 그냥 넘어집니다. 제가 설교하려면 진통이 있습니다. 진통을 없애야만 설교가 되기에 금식도 합니다. 그렇게 진통을 겪으면서 말씀을 선포하니까 그래도 저는 괜찮은 사람이라는 인식이 있었습니다. 하지만 이제는 속지 않습니다. 상황과 조건이 갖춰지면 죄를 짓습니다. 그래서 날마다 주님 앞으로 갑니다. 제 안에 기쁨의 요소가 있을 때, 그것을 옳다고 여기며 제가 불에 타고 있다는 것을 이제는 압니다. 그것을 해결하기 위해 "주님! 이것은 좀 새롭게 해주시고, 이것을 보완해주세요!" 하는 것은 죄인의 모습을 강화하는 것입니다. 그것을 돌이키고 회개해야 합니다.

에필로그

믿음은 마음을 드리는 것입니다. 우리는 깨달음으로 속습니다. 가장 마지막까지 속습니다. 깨달음은 확장성이 있고 추진하는 힘을 줍니다. 정돈시키는 마음이 있는 것 같습니다. 그러나 함정입니다. 돌이키고 깨달아야 합니다. 깨달았으면 반드시 돌이켜야 합니다. 회개 없는 깨달음은 어렵게 만듭니다. 다윗이 죄를 깨달았습니다. 조건이 갖춰지니 죄를 지었습니다. 밧세바를 임신시켰습니다. 그런데 다윗은 죄를 깨달았음에도 열 달 동안 회개하지 않았습니다. 그래서 우리는 회개할 지점을 가르쳐달라고 기도해야 합니다. 가까운 분들에게 말씀드립니다. "회개하는 훈련 하세요~ 회개하는 연습해야 합니다~ 날마다 해야 합니다. 우리 존재가 그렇습니다. 우리 죄성이 그렇습니다." 회개가 쉬워지면 놀라운 은혜가 임합니다. 회개가 쉬워지면 에덴에 들어갑니다. 저는 하나님께 소원하는 것이 있다면 딱 한 방울입니다. "주님 조금만 더 쏟아주세요! 조금만 더요." 그런데 그 한 방울도 받게 되면 정말 놀랍습니다. 그것이 우리를 바꿉니다. 용납하는 힘이 우리를 바꾸어버립니다. 사랑하는 여러분에게 그 은혜가 가득 부어지기를 예수님의 이름으로 축복합니다.

갈라디아서 6:6-16

6 가르침을 받는 자는 말씀을 가르치는 자와 모든 좋은 것을 함께 하라 7 스스로 속이지 말라 하나님은 업신여김을 받지 아니하시나니 사람이 무엇으로 심든지 그대로 거두리라 8 자기의 육체를 위하여 심는 자는 육체로부터 썩어질 것을 거두고 성령을 위하여 심는 자는 성령으로부터 영생을 거두리라 9 우리가 선을 행하되 낙심하지 말지니 포기하지 아니하면 때가 이르매 거두리라 10 그러므로 우리는 기회 있는 대로 모든 이에게 착한 일을 하되 더욱 믿음의 가정들에게 할지니라 11 내 손으로 너희에게 이렇게 큰 글자로 쓴 것을 보라 12 무릇 육체의 모양을 내려 하는 자들이 억지로 너희에게 할례를 받게 함은 그들이 그리스도의 십자가로 말미암아 박해를 면하려 함뿐이라 13 할례를 받은 그들이라도 스스로 율법은 지키지 아니하고 너희에게 할례를 받게 하려 하는 것은 그들이 너희의 육체로 자랑하려 함이라 14 그러나 내게는 우리 주 예수 그리스도의 십자가 외에 결코 자랑할 것이 없으니 그리스도로 말미암아 세상이 나를 대하여 십자가에 못 박히고 내가 또한 세상을 대하여 그러하니라 15 할례나 무할례가 아무 것도 아니로되 오직 새로 지으심을 받는 것만이 중요하니라 16 무릇 이 규례를 행하는 자에게와 하나님의 이스라엘에게 평강과 긍휼이 있을지어다

12

십자가 생활화로
종노릇을 끝장내라!

갈라디아서 6:6-16

하나님의 말씀을 지켜야 한다는 부담감이 아니라, 내 안에 계신 주님으로 말미암아, 한 걸음 한 걸음 믿음의 발걸음을 떼고, 말씀이 내 삶에 피와 살이 되고, 내 길을 인도하는 역사로 말미암아 말씀이 지켜지는 사람들. 하나님의 긍휼과 평강이 임한다고 했으니, 하나님을 사랑하는 길이 선명하게 보였으면 좋겠다고 소원하는 심령이 되기를 축복합니다.

일상에서 우리 마음이 종노릇 하는 것을 보게 하는 것이 1차적인 설교 목적입니다. 일상에서 우리 마음이 묶여 있는 곳이 있는데, 왜 묶여 있고, 그것을 어떻게 풀게 할 것인지도 볼 것입니다. 묶여 있는 것에 우리는 끌려갑니다. 그것을 풀어야 주님을 따라갈 수 있습니다.

믿음을 복잡하게 생각하지 말고 단순하게 점검해 봐야 합니다. 마음을 하나님께 드리는 것이 믿음입니다. '크레도'는 심장을 드린다, 마음을 드린다는 뜻입니다. 생명을 드리는 것은 마음을 드리는 것입니다. 그래서 믿음이 있는지 없는지는 측정할 수 있습니다. 묶여 있는 것에 마음을 쓰는지, 하늘을 향해 마음을 쓰는지 알 수 있습니다.

마음이 하나님께 가 있는 사람의 마음은 주변 환경에 마음을 빼앗기지 않습니다. 환경에 마음이 쓰이지 않습니다. 내면이 주님을 바라보는 영광이 있어서, 다른 곳에 마음을 빼앗기지 않는 믿음의 큰 울림이 가득하기를 축복합니다.

> 스스로 속이지 말라 하나님은 업신여김을 받지 아니하시나니 사람이 무엇으로 심든지 그대로 거두리라 **갈라디아서 6:7**

콩 심은 데 콩 나고 팥 심은 데 팥 납니다. 여러분은 믿음으로 심어야 합니다. 그 삶은 스스로 살지 않는 삶입니다. 스스로 사는 삶은 건강한 것 같습니다. 자립심, 독립심! 삶의 힘인 것 같고 무언가 성숙해 보입니다. 그 '스스로'는 사회 통념상 자연스러움이라고 말할 수 있습니다.

얼마 전 주차팀과 같이 나들이를 갔습니다. 너무 기뻤습니다. 말씀 나눔도 5시간 했습니다. 일상에 대한 생각을 나눴습니다. 왜 우리는 일상에서 내 기분, 내 속상함을 이기지 못하는 것일까요? 왜 일상에서 진리로 결론내지 못하는 것일까요? 왜 주님이 주시는 뜻이 아니라 기분이 우리를 좌지우지할까요? 단순하게 결론 냈습니다. 우리의 기분이 믿음보다 크기 때문입니다. 속이 상하는 그 내용이 진리보다 크기 때문입니다. 그렇다면 진리보다 커진 우리의 생각, 마음, 속을 어떻게 처리해야 할까요?

'스스로'라는 말의 의미를 깨달아야 합니다. '자연'하면 좋은 이미지가 있습니다. 40대 후반부터 60대 중반 남자 11명이 같이 가서 사진을 400여 장 찍었습니다. '자연'하면 자연스럽다는 좋은 이미지가 있습니다. 자연스러운 것을 부인하면 안 좋은 것이라고 말합니다. 그러나 성경으로 보면 아닙니다. 자연은 스스로 생겨난 것입니다. 즉 자연은, 스스로 그렇게 된 것입니다. 그러나 성경은 스스로 되는 것이 없습니다. 인간도 스스로 살려다가 쫓겨났습니다. 사회적으로, 언어적으로 자연이라는 말이 좋은 이미지로 깊이 뿌려내렸지만 사실은 결코 그렇지 않습니다. 사진 찍을 때 자연스럽게 포즈를 취해보라고 하면 잘 안 됐는데 나중에 알았습니다. '우리는 신앙인이기 때문에 자연스러우면 안 되는 것이구나!' 방치해 두는 것이 자연이 아닙니다. 그냥 놔두는 것이 자연스러운 것이 아닙니다. 하나님의 사람은 하나님의 손길 아래, 하나님의 분위기 가운데 있어야 합니다. 하나님이 역사하시는 그 힘을 공급받아야 합니다. 자연스러운 것이 좋은 것이 아닙니다. '스스로'는 원어로 보면 '플라나오'입니다. 원형 동사는 신앙과 전통으로부터 벗어난다는 뜻입니다. 헤매다, 속는다, 벌거벗었다는 뜻도 있습니다.

> 자기의 육체를 위하여 심는 자는 육체로부터 썩어질 것을 거두고 성령을 위하여 심는 자는 성령으로부터 영생을 거두리라 **갈라디아서 6:8**

주님의 마음이 깃들어서 주님을 따라가는 삶에는 하늘의 기쁨, 영원한 삶, 더 풍성하게 되는 역사가 있습니다. 육체를 위해 심는 자는 육체로부터 썩어질 것을 구하게 된다고 합니다. 우리에게는 스스로 살 궁리가 있습니다. 스스로 생각하는 것이 있습니다. 이렇게 살아야 되고, 그것이 더 알맞고, 이것이 더 좋다는 생각이 있습니다.

> 3 너희를 젖과 꿀이 흐르는 땅에 이르게 하려니와 나는 너희와 함께 올라가지 아니하리니 너희는 목이 곧은 백성인즉 내가 길에서 너희를 진멸할

까 염려함이니라 하시니 4 백성이 이 준엄한 말씀을 듣고 슬퍼하여 한 사람도 자기의 몸을 단장하지 아니하니 **출애굽기 33:3-4**

하나님께서 모세를 부르셔서 가르쳐주고 싶어 하셨습니다. 그래서 시내산에서 십계명을 주십니다. 그 시간, 산 밑에서는 다음 걸음에 대해 고민하는 백성들이 있었습니다. 모세가 자기들을 험한 광야로 인도해서 죽게 하려는 것이라고 했습니다. 산에 간 모세는 오지도 않으니, 아론을 잡아다가 다음 걸음을 이야기합니다. 그런 과정에서 금송아지를 만듭니다. 그 광경을 보고 모세가 이야기합니다. 하나님께서 너희들을 출애굽 시킨 것은 하나님의 뜻과 은혜였고, 하나님의 허락하심으로 이루어진 것이라고 말합니다.

하나님께서 허락하셨고, 하나님께서 약속을 지킬 것이지만, 하나님께서는 동행하지 않겠다고 하십니다. 젖과 꿀이 흐르는 가나안 땅, 거기까지는 가도록 할 것이지만, 하나님께서는 함께 가지 않으실 것이라고 하십니다. 무서운 말씀입니다. 그런데 이 일이 실제 우리 삶에서 그대로 일어나고 있습니다. 하나님께서 허락한 일이라고 해서 하나님께서 다 동행하시지는 않습니다. 하나님께서 목회를 허락하셨다고 목회 과정에 하나님께서 모두 동행하시지 않을 수 있다는 것을 압니다. 그래서 저는 떨림과 두려움으로 저를 겸비하고 돌이킵니다. 살려 달라고, 은혜 달라고 기도합니다. 여러분도 같이 따라와서 같이 갔으면 좋겠습니다.

> 그들이 내게 말하기를 우리를 위하여 우리를 인도할 신을 만들라 이 모세 곧 우리를 애굽 땅에서 인도하여 낸 사람은 어찌 되었는지 알 수 없노라 하기에 **출애굽기 32:23**

모세가 시내산에서 하나님과 함께 있습니다. 그런데 그 시간, 백성들은 우리를 위하여 우리를 인도할 신을 만들라고 말합니다. 백성들의 불쾌한 감정이 드러납니다. '이 모세'라는 말에서 백성들의 불쾌한 감정을 그대로 볼 수 있습니다. 우리를 위한다는 말이 무슨 의미일까요?

> 복음에는 하나님의 의가 나타나서 믿음으로 믿음에 이르게 하나니 기록된 바 오직 의인은 믿음으로 말미암아 살리라 함과 같으니라
> **로마서 1:17**

믿음으로 믿음에 이르는 것이 복음입니다. 믿음으로 출발한 우리의 그 다음 발걸음도 믿음입니다. 하나님께 마음을 드린 그 길에서 다시 또 하나님께 마음을 드리는 다른 길로 간

다는 것입니다. 그것을 보고 의인은 믿음으로 말미암아 산다고 하는 것입니다.

이스라엘 백성들이 광야에서 힘들었습니다. 고생했다고 합니다. 그래서 때로는 애굽에 있을 때가 편했다고 말합니다. 그럼에도 그들은 하나님의 초자연적인 역사로 믿음의 걸음을 걸었습니다. 그런데 광야에 와보니 싹수가 노랗습니다. 가나안 땅이 보이지 않습니다. 인도한 모세는 하나님을 만난다고 사라져 버렸습니다. 그리고 오지를 않습니다. 그래서 다음 걸음이 걱정이 됐습니다. 여러분도 예수님을 바라보며 예수님을 믿는다고 말합니다. 그런데 어느 날 여러분의 삶이 꽉 막혔습니다. 다음 발걸음을 옮길 길이 안 보인다고 말합니다. 믿음이 무엇입니까? 마음을 예수님께 드리는 것입니다. 마음이 폭풍 가운데 가 있게 되면, 예수님을 불렀다고 하더라도, 예수님은 너희 믿음이 어디 있느냐고 하십니다. 이스라엘 백성들이 우리를 위하여 우리를 인도한 신을 만들라고 합니다. 믿음으로 믿음에 이르는 길을 모르겠다는 것이고 이 땅에서 무언가 되어야겠다는 말입니다.

> 모세가 본즉 백성이 방자하니 이는 아론이 그들을 방자하게 하여 원수에게 조롱거리가 되게 하였음이라 **출애굽기 32:25**

방자하면 큰일납니다. 여러분을 위한다며 여러분이 방자하게 행하게 할까 두렵습니다. 믿음의 발걸음을 못 걷게 하는 것이 방자함입니다. 믿음을 이야기하며 방자하게 행하게 하고, 그렇게 권면하게 하는 것은 아닌지 돌아봐야 합니다. 사실, 여러분들은 자녀들이 방자하게 행하도록 권면합니다. 믿음을 비켜가면서도 믿음인 것처럼 이야기합니다. 생명을 이야기하는 것 같지만 교회에 분열을 만들어내는 것도 같은 이야기입니다. 방자하게 행하는 것이 보여야 합니다. 돌이켜야 합니다.

모세가 이르되 각 사람이 자기의 아들과 자기의 형제를 쳤으니 오늘 여호와께 헌신하게 되었느니라 그가 오늘 너희에게 복을 내리시리라

출애굽기 32:29

아말렉을 진멸하라고 하셨습니다. 가나안 7족속을 진멸하라고 하셨습니다. 우리는 마음에 품고 있는 것이 있습니다. 진멸하지 않으면 그것이 오히려 우리를 죽입니다. 29절 말씀을 보면, 진멸한 그 모든 내용이 헌신이라고 말씀합니다. 봉사 자체가 헌신이 아닙니다. 헌신한 사람이 그 열매로 봉사가 나오는 것입니다. 헌신은 채우는 것입니다. 헌신은 아말렉을 진멸하는 것입니다. 우리 마음에 어두움을 진멸하는 것이 헌신입니다. 열심히 봉사하는 것이 헌신이 아닙니다. 마음에 채워져

있는 그것이 진멸되는 헌신 없이, 그냥 봉사하면 문제가 커집니다. 왜 마음에 염려가 임하고 근심이 임합니까? 헌신하지 않았기 때문입니다. 마음에 있는 아말렉을 진멸하지 않았기 때문입니다. 가나안 7족속을 진멸하지 않았기 때문입니다. 헌신하게 되면 사랑은 됩니다. 봉사가 그냥 됩니다. 함께 합력해 선을 이룹니다. 봉사의 양과 질이 문제가 아닙니다. 아말렉과 가나안 7족속을 진멸하지 않았기에 헌신이 안 된 것입니다. 헌신이 있을 때 자연스럽게 살지 않고 하나님의 말씀을 먹고 진리로 결론 맺는 하나님의 사람으로 살아가게 됩니다.

> 자기의 육체를 위하여 심는 자는 육체로부터 썩어질 것을 거두고 성령을 위하여 심는 자는 성령으로부터 영생을 거두리라 **갈라디아서 6:8**

> 내 손으로 너희에게 이렇게 큰 글자로 쓴 것을 보라 **갈라디아서 6:11**

큰 글자로 쓴 것은 강조했다는 것입니다. 예수 그리스도로 말미암아 자유를 얻었는데 어찌 그렇게 종노릇 하느냐! 예수로 자유한 내용을 가르쳐주려고 한 것입니다.

> 12 무릇 육체의 모양을 내려 하는 자들이 억지로 너희에게 할례를 받게 함은 그들이 그리스도의 십자가로 말미암아 박해를 면하려 함뿐이라 13

> 할례를 받은 그들이라도 스스로 율법은 지키지 아니하고 너희에게 할례를 받게 하려 하는 것은 그들이 너희의 육체로 자랑하려 함이라
>
> 갈라디아서 6:12-13

　육체의 모양을 내려고 할수록 자유를 잃어버립니다. 겉치레하는 것이기 때문입니다. 왜 우리는 겉치레하면서 살려고 할까요? 누군가 나를 본다는 사실을 의식하기 때문입니다. 누군가가 봐줬으면 하는 심리도 있습니다. 시선을 의식하는 것입니다. 그래서 삶의 관계로 볼 때, 사람들의 평가를 두려워하는 것입니다. "잘 봐줬으면 좋겠어, 괜찮다고, 그런대로 쓸 만하다고 말해줬으면 좋겠어" 그렇게 평가를 바라보는 우리의 생각이 겉치레하게 만듭니다.

　교우들이 시선을 참 많이 의식합니다. 마음을 주님께 드리는 것이 믿음이라고 했습니다. 마음을 주님께 드린 사람이 그 다음 걸음도 주님께 마음을 드려야 하는데, 자꾸 누군가를 의식해서 좋은 평가를 받고자 한다면 육체의 아름다움을 꾀하고 있는 것입니다. 스스로 속는 것입니다. 저도 여러분의 평가에 민감했습니다. 설교에 대해 좋은 평가를 받으면 좋겠지요? 민감했습니다. 교우들의 얼굴빛이 상한 것 같으면 괴로웠습니다. "집안일인가? 주방에서, 공동체에서 무슨 일이 있

었나?" 사회학적으로는 상위 10%, 하위 10%를 제외한 중간 80%는 어느 쪽이 힘이 있느냐에 따라 움직인다고 합니다. 영적으로는 아닙니다. 10%가 되면 교회 그냥 깨집니다. 3-5% 이야기하지만 저는 1%도 위험하다고 생각합니다. 그 영향력이 좋지 않기 때문입니다. 저는 하나님께서 허락하신 것과, 그 허락하신 일에서 하나님이 여러분과 함께하시는지 보기를 축복합니다. 함께하시지 않으면 우리 생각이 들어오고, 염려와 걱정이 들어오기 때문입니다.

> 만일 누가 아무 것도 되지 못하고 된 줄로 생각하면 스스로 속임이라
> 갈라디아서 6:3

스스로 속인다고 합니다. '아무것도' 되지 못하고 된 줄로 생각하면 스스로 속는다고 합니다. 그렇다면, '아무것도'가 무엇입니까? 하나님께서 저에게 설교를 허락하셨습니다. 그러나 설교할 때 하나님께서 동행하시지 않을 수 있습니다. 배우자 허락하셨습니다. 그러나 그 관계 가운데 하나님께서 동행하시지 않으실 수 있습니다. 하나님께서 허락하시고, 또 동행하셔야 합니다. 동행하시지 않으면 '아무것도' 아닙니다. 우리는 하나님이 허락하셨다고 된 줄로 여깁니다. 그것은 스스로 속은 것입니다. 하나님께서 동행하지 않으시면 스스로 속이는 것입

니다. 하나님께서 여러 전문직을 여러분에게 허락하실 수 있습니다. 그러나 하나님께서 동행하지 않으시면 아무것도 아닙니다. 하늘의 화폐로 전혀 가치가 없습니다. 동행하셔야 열매를 맺습니다. 왜 아무것도 아닌데 그렇게 된 줄로 여기시고, 그렇게 주장하시고 교회를 분열시키십니까? 하나님께서 동행하시면 염려와 걱정이 최소화됩니다. 교회 걱정하는 목소리를 듣습니다. 하나님께서 허락하셨지만, 동행하지 않는 언어를 압니다. 하나님께서 허락하셨다면 그런 언어 나오지 않습니다. 마음에서 자녀를 떼어내고, 목회를 잘하고 설교를 잘하려는 마음 떼어낼 때 경험했습니다. 마음에 평화가 밀려옵니다. 하나님이 함께한다는 것! 그 대답이 14절입니다.

> 그러나 내게는 우리 주 예수 그리스도의 십자가 외에 결코 자랑할 것이 없으니 그리스도로 말미암아 세상이 나를 대하여 십자가에 못 박히고 내가 또한 세상을 대하여 그러하니라 **갈라디아서 6:14**

두 가지 방향이 나옵니다. 내가 세상에 대하여, 세상이 나에 대하여! 십자가에 못 박히면 그렇게 됩니다. 재미있는 표현입니다. 두 가지 모두가 우리 가운데 있습니다.

세상의 규범, 세상의 가치가 우리에게 옵니다. '이 정도는 있어야지, 이 정도 돈은 있어야지, 이 정도 위치는 되어야지'

하는 그 가치가 우리에게 압력으로 옵니다. 세상이 우리에게 옵니다. '이 정도 형편은 되어야지, 건강이 이 정도는 되어야지' 하는 가치가 옵니다. 그런데 십자가 외에는 자랑하지 않겠다고 합니다. 십자가에 달려 있는 우리에게 세상이 달려와봤자 우리는 못 느낍니다. 세상의 규범, 가치, 상황, 조건을 갖고 와도 우리는 감각이 없습니다. 본질입니다. 느낌이 없습니다. 그 사람이 믿음으로 믿음에 이릅니다. 마음을 주님께 드리며 갑니다. 다음 걸음이 걱정되어 우리를 인도할 신, 우리를 인도할 지혜와 가치를 달라는 이야기가 얼마나 썩은 이야기인 줄 알게 됩니다. 믿음의 고백이 있어 서로가 서로에게 큰 힘이 되기를 축복합니다.

나로부터 출발하는 것은, 내가 적극적으로 취하려고 하는 것입니다. 세상과 나는 간 곳 없고 구속한 주만 보인다는 것은 십자가 외에는 결코 자랑할 것이 없다는 것입니다. 지금도 듣기 싫은 분이 있으십니까? 속이 부글거리십니까? 십자가로 달려가십시오. 십자가에서 결판내지 않는 한 방자하게 행하게 됩니다. 사탄의 조롱거리가 됩니다. 수치를 당하고, 그것으로 억울함, 아픔이 있어서, 보는 것마다 그 상처가 투사되어 아픔이 재생산되지 않고 하늘의 영광이 재생산되기를 축복합니다.

이번 주차사역팀 여행에 남성만 11명이었습니다. 처음부터 끝까지 하나님이 함께한다는 것을 다같이 느꼈습니다. 말씀 나눔을 5시간 해도, 더 하고 싶었습니다. 60대 중반 두 분이 계셨는데 그분들도 신이 나셨습니다. "십자가가 선명해졌어요" "내가 미리 준비한 답이 필요가 없었어요" "일상에서 주님 이야기하는 것이 가능하구나" 보통 말씀 나눔이 끝나면 바로 사업 이야기, 물가 이야기를 했는데, 주님 이야기가 일상에서 가능하다는 것을 알게 되었다고 하십니다. 십수 년 만에 창피함을 경험한 여행이기도 했습니다. 사진을 몇 백장 찍었습니다. 40대부터 60대 중반까지의 남성들 11명이 네 줄씩 서서 공중부양 사진 찍는다고 사람들이 많이 모인 강릉의 유명한 커피숍에서 점프를 했습니다. 배 나온 사람들이 점프를 하니까 주변 사람들이 재미있어서 웃고 저도 창피했지만, 예수 안에서 너무 재미있었습니다. 주님 계시니까 그렇습니다. 한 분은 이렇게 이야기했습니다. "목사님, 세상에서 시끄러운 일이 있었는데 여기 와서 다 잊어버렸어요." 그것이 변화산 사건입니다. 베드로 요한 야곱이 세상에서는 권력 잡으려고 했지만, 변화산에서는 초막 셋을 짓자고 합니다.

일상에서 우리도 그럴 수 있습니다. 믿음은 마음을 주님께 드리는 것입니다. 믿음에서 믿음으로 이르는 것이 무엇인지 함께 어깨동무하고 격려해야 합니다. 우리 안에 계신 주님을 봐야 합니다. 우리 마음이 어디에 연결돼 있는지 살펴봐야 합니다. 예수님과 함께하면 다른 세상이 옵니다. 우리가 십자가에 걸려 있으니 별 문제 없습니다. 우리 마음이 뻗어가는 곳이 세상일 수 없습니다. 날마다 십자가에서 죽는 십자가 생활화가 예수의 이름으로 가득할지어다.

에필로그

마음이 종노릇 하고 있는 것 있습니다. 주님이 허락하셨지만 동행하지 않으실 때 근심, 염려, 미움, 원망, 불평으로 나타납니다. 돌이키셔야 합니다. 해결이 먼저가 아니라 돌이켜야 합니다. 주님의 힘 받아야 합니다. 믿음으로 믿음에 이르러야 합니다. 그것이 사는 것입니다. 마음을 주님께 드려야 합니다. 근심, 염려는 절대 주님께 마음을 드린 것이 아닙니다. 십자가 복음입니다. 세상이 나에 대해 죽고, 내가 세상에 대해 죽었다는 것이 실제 되었을 때 주님 주신 생각, 전략이 무엇인지 깨닫게 됩니다. 하늘평화로 넉넉하게 감당하는 여러분 되기를 예수님의 이름으로 축복합니다.

마태복음 8:1-13

1 예수께서 산에서 내려 오시니 수많은 무리가 따르니라 2 한 나병환자가 나아와 절하며 이르되 주여 원하시면 저를 깨끗하게 하실 수 있나이다 하거늘 3 예수께서 손을 내밀어 그에게 대시며 이르시되 내가 원하노니 깨끗함을 받으라 하시니 즉시 그의 나병이 깨끗하여진지라 4 예수께서 이르시되 삼가 아무에게도 이르지 말고 다만 가서 제사장에게 네 몸을 보이고 모세가 명한 예물을 드려 그들에게 입증하라 하시니라 5 예수께서 가버나움에 들어가시니 한 백부장이 나아와 간구하여 6 이르되 주여 내 하인이 중풍병으로 집에 누워 몹시 괴로워하나이다 7 이르시되 내가 가서 고쳐 주리라 8 백부장이 대답하여 이르되 주여 내 집에 들어오심을 나는 감당하지 못하겠사오니 다만 말씀으로만 하옵소서 그러면 내 하인이 낫겠사옵나이다 9 나도 남의 수하에 있는 사람이요 내 아래에도 군사가 있으니 이더러 가라 하면 가고 저더러 오라 하면 오고 내 종더러 이것을 하라 하면 하나이다 10 예수께서 들으시고 놀랍게 여겨 따르는 자들에게 이르시되 내가 진실로 너희에게 이르노니 이스라엘 중 아무에게서도 이만한 믿음을 보지 못하였노라 11 또 너희에게 이르노니 동 서로부터 많은 사람이 이르러 아브라함과 이삭과 야곱과 함께 천국에 앉으려니와 12 그 나라의 본 자손들은 바깥 어두운 데 쫓겨나 거기서 울며 이를 갈게 되리라 13 예수께서 백부장에게 이르시되 가라 네 믿은 대로 될지어다 하시니 그 즉시 하인이 나으니라

13

십자가 생활화로
삶을 풀어내라

마태복음 8:1-13

있는 그곳에서 지금, 삶을 풀어내는 능력을 갖추게 하는 것이 설교 목적입니다. 전제가 있습니다. 우리 삶은 묶여 있고 막혀 있고 얽혀 있다는 것입니다. 풀어낼 지점을 안다는 말에는 두 가지 뜻이 있습니다. 막혀 있음에도 못 알아차리는 상황도 있습니다. 또 이 땅에서 잘 풀린 줄 알았는데 사실은 그것이 막혀 있는 것이었다는 사실을 깨달을 분도 있을 것입니다. 어디에서 얽혀 있는지 깨달아서 삶을 풀어내는 하나님의 사람으로 서야 합니다. 그렇게 되면 믿음이 교리로 흘러가지 않습니다. 믿음대로 될지어다, 하신 말씀은 축복이지만 또 한편으로 위기감도 느껴야 하는 말씀입니다. 믿음이 하나도 없는데, 믿음대로 된다는 것은 무시무시한 이야기이기 때문입니다. 믿음대로 될지어다, 하신 말씀이 그대로 축복이 되기를 예수님의 이름으로 축복합니다.

> 예수께서 산에서 내려 오시니 수많은 무리가 따르니라 **마태복음 8:1**

예수님께서는 공생애를 통해 선포하시고 가르치시고 고치셨습니다. 산에서 내려오셨습니다. 주님은 산 위에서 설교 사역을 하셨는데 우리는 그것을 산상수훈이라고 합니다. 마태복음 5-7장이 그 말씀입니다. 그리고 산에서 내려오셔서 주신 말씀이 8장입니다. 산상수훈을 보면, 우리가 그 말씀을 지킬 수 있을까 하는 의문이 듭니다. 이 말씀을 따를 자가 없습니다. 그런데 결론적으로 말씀드리면, 이 말씀이 이루어지지 못하면 하나님 나라에 가지 못합니다. 그래서 위기의식을 느껴야 합니다. 산상수훈 말씀처럼 살 수 있는 능력이 우리에게 없기 때문입니다. 하나님을 따를 수 있는 힘이 없기 때문입니다. 그러나 그것을 열 수 있는 열쇠가 8장에 나와 있습니다. 네 명의 인물이 등장합니다. 나병환자, 백부장, 서기관, 그리고 또 다른 제자가 등장합니다. 네 인물을 통해 산상수훈이 이루어질 수 있는 열쇠를 말씀하십니다. 5-7장의 주제를 짧게 말하면 천국을 소유한 사람은 천국을 나타내며 산다는 것입니다. 천국을 소유한 사람은 천국이 있다는 티를 내며 삽니다. 실제됐다는 것입니다. 그런데 5-7장을 보면 우리 속에 이것이 실제 되었다고 이야기할 수 있는지 의문이 듭니다.

5장을 보면, 복이 있는 사람에 대해 말씀하시고, 소금과 빛이 되라고 하십니다. 가정에서도 소금과 빛이 안 되는데 세상에서 될 수 있습니까? 어림도 없습니다. 또 화내지 말라고 하십니다. 화내면 천국에 들어오지 못한다고 하십니다. 지금 예배드리는 이 자리에 계신 분들 가운데 화가 안 나시는 분은 없을 것입니다. 그런데 화를 내면 천국 못 간다고 하십니다. 지난 수요기도회에 오신 선교사님께서 지나가며 말씀하신 것이 마음에 들어왔습니다. 선교사님은 '우리 교회가 이 설교 말씀을 받아들일 수 있을까?'하고 걱정하셨다고 합니다. 그런데 막상 설교를 시작하니 교회 성도들이 이 말씀을 평범하게 듣는다고 놀라셨습니다. 아무리 센 설교라 하더라도 성경 자체만큼 과격하지는 않습니다. 성경이 가장 극단적입니다. 성경이 가장 과격합니다. 그런데 그렇게 센 설교를 듣고도 변하지 않는 우리를 보면 얼마나 또 놀랍습니까? 성경보다 센 설교는 없습니다. 산상수훈처럼 살 사람이 어디에 있겠습니까? 간음하면 죽는다고 하십니다. 육의 간음뿐 아니라 영의 간음도 말씀하십니다. 속는 부분에 대해 심각하게 말씀하시며 맹세하지 말고, 악한 자를 대적하지 말라고 하시고, 원수를 사랑하고, 구제를 은밀하게 하라고 하십니다. 기도의 방법도 알려주십니다. 또 이 땅에서 무언가 이루려고 보물을 쌓아두지 말고 하늘에 쌓아두라고 하십니다. 당혹스러운 내용입니다. 되지 않기 때문입니다. 7장을 보면 비판하지 말고, 구하고 찾고 문을 두드리라고 하십니다. 이 땅에서 기회를 찾는 것이 아니라고 하십니다. 비판하지 말라고 하시는데, 비판이 안 되는 분 계십니까? 판단은 그냥 들어옵니다.

선교단체에서 말씀을 증거할 때, 선교단체 가장 위에 계신 분들에게 이런 말씀을 드린 적 있습니다. 이 정도 되면 그냥 판단되는 것 아니냐고, 기쁨이 넘쳐나고 사랑하고 그래야 하는데 그냥 판단이 되는 것이 우리가 아니냐고 말씀드렸더니 박장대소하며 동의했습니다. 우리 삶이 주님과 함께하는 것이 실제 되지 못하면 어쩔 수 없는 인생이라는 것을 깨닫게 됩니다. 좁은 문으로 들어가야 삽니다. 열매를 보면 그들을 안다고 하십니다.

> 21 나더러 주여 주여 하는 자마다 다 천국에 들어갈 것이 아니요 다만 하늘에 계신 내 아버지의 뜻대로 행하는 자라야 들어가리라 22 그 날에 많은 사람이 나더러 이르되 주여 주여 우리가 주의 이름으로 선지자 노릇 하며 주의 이름으로 귀신을 쫓아 내며 주의 이름으로 많은 권능을 행하지 아니하였나이까 하리니 **마태복음 7:21-23**

귀신은 우리가 바른 길로 가지 못하게 합니다. 하나님의 일을 헷갈리게 하고 왜곡하게 합니다. 귀신을 쫓아낸 이유는 하나님의 뜻을 바르게 따르게 하기 위해서입니다. 또 선지자 노릇은 말씀에 대한 지식과 이해가 있기 때문에 한 것입니다. 말씀을 나누는 것도 작은 의미로 보면 선지자 노릇입니다. 그런데 하나님께서는 '내 뜻대로 행하는 자라야 천국에 들어간다'고 하십니다.

> 거짓 선지자들을 삼가라 양의 옷을 입고 너희에게 나아오나 속에는 노략질하는 이리라 **마태복음 7:15**

분별의 영이 열리기를 축복합니다. 사실은 쉽습니다. 거짓 선지자들은 그냥 구별됩니다. 거짓 선지자들을 알기 위해서는 속을 알아야 합니다. 속이 보여야 합니다. 제 속이 보이십니까? 속을 보는 것은 너무 쉽습니다. 왜 믿음의 사람이 그 쉬운 것을 모를까요? 열매 중심의 신앙생활을 하기 때문입니다. 열매 중심의 신앙은 반드시 타락합니다. 열매는 그냥 맺히는 것입니다. 방향성과 깊은 연관이 있습니다. 열매를 바라보고 사는가, 예수를 바라보고 사는가! 예수를 보고 살면 예수님께서 때에 맞게 열매를 맺게 하십니다. 그러나 열매 중심이 되면 반드시 어긋나는 국면을 만납니다. 그때 그것을 이기지 못하면 파국이 됩니다. 개인으로도, 가정으로도, 공동체로도, 삶의 자리에서 반드시 그렇게 됩니다.

사도행전 18장을 통해 아볼로를 봤습니다. 큰아버지와 같이 품이 넓은 인물이었지만 실제 거듭남이 없었습니다. 예수에 관해 설교는 했지만, 실제 거듭남은 없었습니다. 십자가에서 예수님과 함께 연합하는 것을 그에게 가르쳤을 때, 그는 믿음으로 은혜를 끼쳤습니다. 그 내용은 예수가 그리스도라는 것이었습니다. 기타 다른 것으로 유익을 주는 것이 아니라 예수님이 구원자라는 것입니다. 돈이 아니라 예수님이 구원자고, 건강이 아니라 예수님이 구원자라는 것입니다. 속에 다른 것이 있으면 그것은 드러납니다. 영적인 분별은 그래서 너무 쉽습니다. 누군가 여러분의 마음을 위로하고, 감동하게 하고, 또 마음이 혹하게 할 정도로 마음에 무엇인가가 쑥 들어오게 한다면 그는 거짓 선지자입니다.

방향성이 중요합니다. 무엇을 바라보고 사는가! 출세상! 예수님의 방향은 분명했습니다. 예수님은 이 땅에 오셔서 십자가에서 죽으시고 부활하신 뒤 하나님께 가셨습니다. 예수님께서 가신 길, 방향은 분명합니다. 그 예수님을 따라갈 때 출세상 됩니다. 그런데 우리는 세상에 살면서 이것이 채워졌으면 좋겠다고 생각합니다. 우리가 바라보는 것이 마음에 담겨져 있습니다. 저에게는 마태복음 7장 말씀이 말로 설명할 수 없는 혁명과 같은 말씀으로 다가왔습니다. 천국을 소유한 사람이 천국을 티 내고 산다는 것은 맞는 말씀인데 또 오류가 생깁니다. 예수를 소유한 사람은 반드시 예수를 소유한 티를 낸다는 말로 바꿔도 마찬가지입니다. 주여 주여 하는 자들은, 주님께서 '말씀하신 것'을 주목하느라, 실상 말씀하시는 '주님'을 놓칩니다. 말씀하신 것을 지키는 나는 의로워지고 말씀하신 주님은 온데간데없어집니다.

예수를 소유할 수 있는 열쇠는 8장입니다. 천국을 소유할 수 있는 길은 8장에 있습니다.

> 2 한 나병환자가 나아와 절하며 이르되 주여 원하시면 저를 깨끗하게 하실 수 있나이다 하거늘 3 예수께서 손을 내밀어 그에게 대시며 이르시되 내가 원하노니 깨끗함을 받으라 하시니 즉시 그의 나병이 깨끗하여지는라 **마태복음 8:2-3**

나병환자라는 진단을 받았을 때 충격은 엄청납니다. 제사장이 나병이라고 판명하면 삶은 곤두박질칩니다. 우리도 코로나 초기 때 코로나 판정받으면 그냥 격리됐습니다. 혹시라도 가족이 코로나에 걸려 세상을 떠나게 되면 시신도 보지 못하고 화장됐습니다. 당시 나병에 걸렸다는 것도 그런 것입니다. 모든 것이 단절됩니다. 가족과 끊어지고 사회활동도 끊어집니다. 나병환자가 가는 골짜기가 따로 있었는데 예루살렘에서 나오는 모든 쓰레기를 그곳에 버렸다고 합니다. 나병환자는 쓰레기 같은 인생이라는 뜻도 있고 그 쓰레기라도 먹고 살라는 목적도 있었을 것입니다. 우리는 영적으로 비유할 때, 주님과 관계없는 사람을 나병환자라고 말합니다. 나병환자들이 모여 있는 골짜기에서 아무리 성공한다 해도 무슨 의미가 있겠습니까? 그곳에서 아무리 뛰어나고, 아무리 많이 가졌다 한들 무슨 의미가 있겠습니까?

나병환자는 사람이 나타나면 100미터 전쯤에서 "타뫼 타뫼, 나는 부정하다! 나는 부정하다" 하고 소리 높여 외쳐야 합니다. 외치지 않으면, 누구든지 그 나병환자를 돌로 쳐 죽일 수 있습니다. 그런데 오늘 말씀을 보면 이 나병환자가 아주 가까이에 있습니다. 손을 내밀어 닿을 수 있는 거리입니다. 나병환자가 숨어서 몰래 온 것입니다. 수많은 무리가 에워싼 예수님께 가까이 오려면, 그 무리들 사이를 뚫고 왔다는 것인데, 그것은 간이 배 밖으로 나온 것입니다. 죽을 수도 있기 때문입니다. 우리도 예수님을 만나려면, 이 정도 열심은 있어야 하지 않을까요? 물론 주님의 은혜가 있어야 만나지만, 피조물의 입장에서, 이 정도 열심은 있어야 하지 않을까요? 사실은 그 정도 열심을 부려도 주님을 만날 수 있는 것이 아닙니다. 정화수 놓고 기도하는 그 열심도 대단하지 않습니까? 나병환자는 죽음을 불사하고 갔습니다. 그 믿음이 자발적으로 생길까요? 절대 그렇지 않습니다. 물론 오늘 말씀은 나병환자의 죽음을 불사하는 믿음을 이야기하는 것은 아닙니다. 나병환자의 환경을 주목해야 합니다. 나병환자는 모든 것이 단절되었습니다. 모든 관계에는 책임감이 따릅니다. 부모, 사회에 대한 책임감도 나병환자에게는 끊어졌습니다. 그 책임감이 끊어지지 않으면 주님을 만날 수 없습니다. "꼭 그렇게 살아야 해요?" 그것이 책임감입니다. 바로 그것이 죽어야 합니다. 그럼, "자녀를 보고 무관심해라? 돈을 벌지 마라?" 그런 이야기입니까? 그런 이야기가 아닙니다. 책임감을 느끼면 그 책임의 대상이 마음에 들어옵니다. "돈 벌어서 가족들을 먹여 살려야 해" 그럼 그 가족이, 그 책임감이 마음에 들어옵니다. 마음에 들어온 그것이 죽지 않는 한 결코 주님을 만날 수 없다는 말입니다.

주님을 부르고 귀신을 내어쫓았고 선지자 노릇 했는데 주님께서 아니라고 하신 이유는, 나의 시선이 그것에 가 있었기 때문입니다. 내가 말씀 나눠야 살아, 하는 그 책임감! 내가 선지자 노릇 해야 살아, 하는 그 책임감이 죽어야 합니다. 나병 환자처럼 완전한 단절이 있어야 합니다.

사도행전 7장에 보면 스데반 집사가 돌 맞아 죽습니다. 설교 한 편을 이야기합니다. 영적으로 설교를 잘해서 돌 맞은 것입니다. 영광의 하나님이 그에게 보였다고 합니다. 아브라함에게 영광의 하나님이 보여 본토 친척 아비집을 떠났고, 영광의 하나님이 보여서 자기 아들 이삭에게 칼을 들었다고 말합니다. "자식에게 어떻게 그럴 수 있냐"고 말할 때 그 내용들이 있습니다. 자식을 어떻게 죽일 수 있냐는 내용이 마음에 들어있기 때문에 그렇게 말하는 것입니다. 그런데 영광의 하나님이 그에게 보였다는 말씀은 어떻게 그럴 수가 있어 하는 내용이 마음에 담긴 것이 아니라 하나님만 마음에 담겼다는 것입니다. 실제로 이삭이 아니라 하나님만 보인 것입니다. 그게 나병 환자의 형국입니다. 주님을 찾는 그런 열심, 믿음의 싸움이 있었으면 좋겠습니다.

마태복음 19장에 부자 청년이 등장합니다. 청년은 율법을 잘 지켰음에도 나중에 버림받습니다. 제자들이 말했습니다. 이런 조건을 지켜야 한다면 누가 천국 갈 수 있겠습니까? 천국 가기 쉽지 않다는 말씀을 새겨야 합니다. 소돔과 고모라에서도 몇 명 안 됐습니다. 구원 받기 쉬운 것이 아닙니다. 실제입니다. 구원은 거의 불가능합니다. 낙타가 바늘귀를 통과하는 것보다 힘들다고 하니까, 불가능한 것입니다. 그런데 주님께서 말씀하십니다. 그것은 우리들의 힘이 아니라 하나님의 능력으로 된다고 말씀하십니다. 하나님의 능력이 와야 합니다. 어떻게 자녀에 대한 책임감을 놓을 수 있습니까? 주님의 능력이 아니면 안 됩니다.

부자청년이 모든 재산을 다 버린다는 것은 내가 주인되어 한다는 개념이었습니다. 다 버렸을 때 오는 불안감, 낙오된다는 마음이 있었습니다. 그런 것이 마음에 있었기 때문에 부자청년은 주님을 바라본 것이 아니었습니다. 주님을 바라보기 시작하면 할 수 없음을 할 수 있음으로 바꾸시는 분이 우리의 하나님이고, 낙타가 바늘귀에 들어가게 하시는 분이 우리의 하나님이고, 천국과 예수를 소유하는 것이 무엇인지 삶에서 얼마든지 알게 하시는 분이 하나님이십니다. 감옥에 있든 왕이 되든 대통령이 되든 법관이 되든, 그곳에서 하나님이 되라 하시면 얼마든지 주님의 뜻을 나타낼 수 있다는 말씀입니다. 그 주님이 내 마음에 있느냐 하는 말씀입니다. 이것은 절망이 아니라 놀라운 은혜입니다. 마음에 주님 계셔야 합니다, 하는 것이 나병환자의 상황이었습니다. 산상수훈이 실제 되기 위해서는 모든 것이 단절되어야 합니다. '그렇게 할 수 있는 내가 너희 속에 있어야 한다'는 하나님의 음성입니다.

그리고 백부장 이야기가 나옵니다. 중풍병자에 걸린 하인을 고쳐달라고 합니다. 백부장은 로마의 중간 간부입니다. 당시 노예, 하인은 소유물과 같은 하찮은 존재입니다. 저는 이 백부장을 많이 흉내 냈는데 잘 안 됐습니다. 닮으려고 애쓰는 것이 무의미한 것임을 깨닫게 하셨습니다. 하인이 죽어가는 것을 보고 아파하는 마음으로 목회를 한다면 얼마나 재미있을까 하는 생각이 들었습니다. 마음이 정말 촉촉해질 것 같았습니다. 그래서 사랑하려고 흉내내고 노력했는데 그럴수록 안 됐습니다. 그렇게 사랑이 들어오는 것이 아니었습니다. 사랑은 오히려 예수님이 마음에 계시니까 들어왔습니다. 백부장은 그런 마음으로 중풍 걸린 하인을 예수님과 연결한 것입니다. 뇌졸중은 경색이 있고 출혈이 있습니다. 뇌세포가 죽으면 언어, 운동, 생각 등이 마비됩니다. 출혈이 있으면 피가 고이게 되고 그곳 뇌세포가 죽습니다.

6 이르되 주여 내 하인이 중풍병으로 집에 누워 몹시 괴로워하나이다 7 이르시되 내가 가서 고쳐 주리라 8 백부장이 대답하여 이르되 주여 내 집에 들어오심을 나는 감당하지 못하겠사오니 다만 말씀으로만 하옵소서

그러면 내 하인이 낫겠사옵나이다 **마태복음 8:6-8**

이건 그냥 믿음이 아닙니다. 이런 믿음이 열리기 시작하면 믿음 생활에 돛이 달리는 것입니다. 백부장의 믿음은 어마어마한 믿음입니다.

예수께서 들으시고 놀랍게 여겨 따르는 자들에게 이르시되 내가 진실로 너희에게 이르노니 이스라엘 중 아무에게서도 이만한 믿음을 보지 못하였노라 **마태복음 8:10**

예수님이 자랑할 만한 믿음이었습니다. 보통 로마 초급간부라면 그들의 주인은 로마 황제입니다. 황제는 실제 신이었습니다. 로마제국은 신의 아들이 황제라고 생각했습니다. 신의 지배력이 미치는 그곳에서 로마 초급장교가 주님께 나와서 주님이라고 공개적으로 이야기합니다. 죽을 수도 있었지만 죽는 것이 문제가 아니었다는 뜻이기도 합니다. 백부장은 유대 땅에서 아마도 신실한 유대 여인을 만나 믿음이 생기게 되지 않았을까 하는 생각도 듭니다. 아무튼 백부장에게 믿음이 생겼습니다. 예수님이 주인이라고 공개적으로 이야기했습니다.

백부장이 대답하여 이르되 주여 내 집에 들어오심을 나는 감당하지 못하

겠사오니 다만 말씀으로만 하옵소서 그러면 내 하인이 낫겠사옵나이다

마태복음 8:8

　엄청난 믿음입니다. 우리가 생각하는 이상의 믿음입니다. 주님과 관계성, 하나님이라고 부르는 관계성이 깊어져서 '하나님은 말씀하시고 나는 듣는 사람'이라는 것이 실제가 되면 열리는 것이 있습니다. 1대 1의 관계가 모든 사람에게 있다는 것을 알게 됩니다. 이것은 논리로 아는 것이 아니라 경험해야 아는 것입니다. 이 믿음은 어마어마한 자유를 줍니다. 엄청나게 큰 책임감이 떨어져 나가는 것을 보게 됩니다. "주님, 주님!!!!" 하고 부르는 사람은 나와 하나님과의 관계만 보이고 다른 사람은 잘 안 보입니다. 우리의 수준이고 여러분들의 수준이라고 할 수 있습니다. "주님!" 이라고 부르는 관계는 된 것 같습니다. 주님을 부르면 주님께서 응답하신다는 그런 이기적이고 종교적인 믿음을 가진 사람들은 1대 1 관계는 충만합니다. 그러나 그것은 믿음이 아닙니다. 백부장은 로마의 통치가 있는 그 때 하나님께서 실제로 지배하시는 것을 알았습니다. 주님의 지배력을 알았습니다. 자신만 지배하는 것이 아니라 우주 만물을 통치하시고 지배하신다는 것을 알았습니다. 자신에게 역사하시는 주님이 하인에게도 역사하신다는 것을 알았습니다. 저에게 역사하시는 하나님이 여러분에게 똑같이 역사하신다

는 믿음이 저에게도 있으면 제 속이 그렇게 타지 않습니다. 속 탄 것은 믿음이 없었던 것입니다. 하나님의 지배력, 하나님의 주권은 '나뿐만 아니라 너에게도 임하는 것'입니다! 여러분 같은 믿음을 가진 사람에게도 하나님의 통치, 지배력이 임합니다! 아예 믿음이 없는 사람에게도 하나님의 통치, 지배력이 있습니다. 그 믿음을 백부장이 가진 것입니다. 그래서 주님께서 놀라신 것입니다.

> 10 예수께서 들으시고 놀랍게 여겨 따르는 자들에게 이르시되 내가 진실로 너희에게 이르노니 이스라엘 중 아무에게서도 이만한 믿음을 보지 못하였노라 11 또 너희에게 이르노니 동 서로부터 많은 사람이 이르러 아브라함과 이삭과 야곱과 함께 천국에 앉으려니와 12 그 나라의 본 자손들은 바깥 어두운 데 쫓겨나 거기서 울며 이를 갈게 되리라 **마태복음 8:10-12**

누가 천국에 갑니까? 예수를 소유한 사람들, 책임감이 십자가에서 죽은 사람들, 하나님의 주도권, 하나님의 지배력을 믿는 사람들이 천국에 갑니다. 나에게 오신 하나님이 너에게, 또 누구에게나 그 지배력이 미친다는 것을 믿는 믿음이 진짜 믿음입니다. 그 하나님의 주권이 우리 삶에 믿겨졌을 때 기다릴 수 있고 기도할 수 있고 바른 이야기를 할 수 있습니다.

종순이(종들의 순종) 모임에 하나님의 기름부음이 임하기 시작했습니다. 같은 본문 말씀으로 여러 교회가 같은 설교를 합니다. 설교한 내용을 교우들이 다시 나눕니다. 일주일에 열 몇 번씩 설교하던 것을 다 없애고 같은 본문 말씀으로 설교하고 그 말씀을 다시 나누는 교회가 생겨나기 시작했습니다. 성령의 바람이 불기 시작했습니다. 그 이야기를 사역자들과 나눴습니다. 한 목사님이 SNS에 글을 올리셨습니다. 하나님을 부르고 그토록 의지하려고 했는데, 그 이유가 교우와의 관계, 교우들의 어려움과 문제 때문이었다는 것을 깨달았다고 합니다. 너무 놀랐다고 합니다. 여러분도 자녀를 놓고 기도할 때 똑같이 대입해봐야 합니다. 문제를 개선하려고 목소리 높여 하나님 불렀던 것이 죄라는 것을 깨달으셔야 합니다. 이제는 하나님과 나와의 관계가 중요하다는 것을 아셔야 합니다. 하나님과의 관계 속에서 채워지는 것을 보고 나누셔야 합니다.

> 19 한 서기관이 나아와 예수께 아뢰되 선생님이여 어디로 가시든지 저는 따르리이다 20 예수께서 이르시되 여우도 굴이 있고 공중의 새도 거처가 있으되 인자는 머리 둘 곳이 없다 하시더라 21 제자 중에 또 한 사람이 이르되 주여 내가 먼저 가서 내 아버지를 장사하게 허락하옵소서 22 예수께서 이르시되 죽은 자들이 그들의 죽은 자들을 장사하게 하고 너는 나를 따르라 하시니라 **마태복음 8:19-22**

백부장의 믿음이 천국을 소유하게 합니다. 예수를 소유한 사람은 예수를 드러냅니다. 책임감이 십자가에서 죽어야 예수를 소유할 수 있습니다. 주님의 주권이 우리 마음에 들어오는 것을 소원하셔야 합니다.

　　왜 예수님을 에워쌌습니까? 잘 살아보기 위해, 이 땅에서 성공하기 위해, 예수님의 능력을 필요로 했기 때문입니다. 이들의 시선은 주님이 아니라 이 땅에 가 있었습니다. 예수님께서는 그것을 피해서 바다 건너편으로 가자고 하신 것입니다.

　　건너편으로 갔을 때 한 서기관이 등장합니다. 이 서기관은 예수님의 제자였습니다. 서기관은 예수님이 어디로 가시든 따르겠다고 말합니다. 베드로도 똑같이 이야기했습니다. 하지만 어디든 가겠다고 말했지만 십자가는 지지 말라고 했습니다. 십자가는 실패의 자리라는 것입니다. 어디든 따르겠다고 하면서 십자가는 실패의 자리라고 하는 것은 세상에 시선이 가 있는 것입니다. 따르는 이유가 세상이라는 것입니다. 그런 베드로에게 주님은 "사탄아 내 뒤로 물러가라"고 말씀하셨습니다. 서기관의 마음도 주님께서 꿰뚫어보셨습니다.

　　이스라엘은 종교가 이끌어가는 국가였습니다. 서기관은

상류층이자 사회 지도층입니다. 그런데 서기관이 왜 주님을 따라왔을까요? 유대 전통을 보면 서기관들에게는 욕망이 있습니다. 좋은 선생님을 만나는 것이 그들의 꿈입니다. 가말리엘과 같은 좋은 스승의 문하생이 되는 것이 가장 명예로운 일입니다. 그런데 행색이 초라한 젊은 청년 예수의 이야기 한마디가 예사롭지 않습니다. 초자연적인 역사도 일어나게 합니다. 아픈 사람이 낫고 죽은 사람도 살아나고, 바람도 멈추고 자연도 순종합니다. 말씀도 위엄이 있습니다. 이 사람이 자신을 문하생으로 받아주면 서기관의 인생은 꽃피웁니다.

제가 목사 초년생일 때 은사를 구하려고 30일도 기도했습니다. 은사를 구한 이유는 목회를 폼나게 하고 싶어서였습니다. 자녀가 잘되라고 기도하는 이유도 여러분 자신이 폼나려고 하는 것입니다. 나라가 해방되었을 때 예수님이 자신의 스승이라고 말할 수 있는 사회적 영광을 마음에 둔 서기관을 꿰뚫어 보시고 주님은 여우도 굴이 있고 공중에 나는 새도 쉴 곳이 있지만 인자는 머리 둘 곳이 없다고 하신 것입니다. 최광 선교사님 표현으로는 "나는 노숙자"라는 것입니다. 머리를 둔다는 것은 '쉬다, 안식한다, 풍요롭게 쉰다'는 뜻입니다. 저는 잠잘 때 감사가 절로 됩니다. 머리 둘 곳이 없다는 것은 세상에서는 쉴 곳이 없다는 말입니다. 세상에 대한 기대치를 갖고서는 산상수훈을 만날 수 없다는 것을 서기관을 통해 보여주십니다. 나병환자와 백부장을 대비해서 나온 본문입니다. 너 한 사람을 주께서 지배하고 통치하신다면 다른 사람들도 그렇게 통치하신다는 것이 말씀입니다. 그 믿음이 있기 전까지는 서기관의 모습에 불과합니다. 우리가 돌이킬 지점이 여기에 있습니다. 그리고 또 한 제자가 나와서 이렇게 말합니다.

> 21 제자 중에 또 한 사람이 이르되 주여 내가 먼저 가서 내 아버지를 장사하게 허락하옵소서 22 예수께서 이르시되 죽은 자들이 그들의 죽은 자들을 장사하게 하고 너는 나를 따르라 하시니라 **마태복음 8:21-22**

상이 난 것은 아니고, 아버지가 운명하실 때가 얼마 남지 않은 상황처럼 보입니다. 그래서 충분하게 보살피고 잘 마무리하고 오겠다고 합니다. 어른들 잘 모셔야 합니다. 연세 드시면 믿음도 떨어집니다. 주님을 바라봐야 합니다. '죽은 자들이 그들의 죽은 자들을 장사하게 하고 너는 나를 따르라'고 하십니다. '먼저' 입니다. 뒤에 나오는 죽은 자들은 죽은 사람이 맞지만 앞에 나온 죽은 자들은 목숨이 끊어진 사람이 아닙니다. 앞에 나온 죽은 자들은 서기관처럼 하나님을 몰라보는 사람들 입니다. 방향이 땅입니다. 그래서 영적으로 죽은 것입니다. 그것은 21절 '먼저'와 연관되어 있습니다. 예수 생명이 들어온 사람은 제1의 관계가 하나님입니다. 무엇이 먼저 되어야 하는지 압니다. 책임이 제1이 아니라, 삶의 이런저런 것을 책임져야 한다는 마음이 제1이 아니라, 하나님이 먼저라는 것입니다. 죽은 자든 아니든 하나님의 통치력이 미치기 때문입니다. 세상에서 꽃피우는 것이 아니라 하늘에 뿌리를 두고 하늘의 꽃을 피워야 한다는 뜻입니다.

교우들이 십자가 생활화가 안 되니까, 항상 주님을 찾는데 가끔 보면 안쓰러울 정도로 주님을 찾는 분들이 계십니다. 그런데 그 내용을 듣고 보면 주님을 찾는 것이 아니라 다 문제를 부른 것이었습니다. 마음에 들어와 있는 문제를 회개한다고 하는데, 그 회개 자체도 문제를 부르고 있는 회개를 하고 있었습니다. 마음에는 정말 주님이 계셔야 한다고 구하시기를 축복합니다. 마음은 하나님께서 거하시려고 만드신 것입니다. 우리는 3차원에 삽니다. 하나님은 차원이 다르십니다. 4차원이십니다. 4차원에 사시는 하나님이 3차원에 사는 우리에게 계시하는 공간이 마음입니다. 그래서 마음은 시간을 초월합니다. 3차원은 시공간에 구속받지만, 과거의 일도 우리 마음에는 있습니다. 자녀를 생각하면 그 자녀는 우리 마음에 있습니다. 다른 공간에 있지만 마음에는 들어옵니다. 시간과 공간을 초월하는 것은 마음입니다. 주님께서 3차원을 사는 우리에게 마음을 만드신 이유는 그것입니다. 그래서 우리 마음에는 주님이 계셔야 합니다. 예수님과 연합함으로 마음에 주님 들어올 때, 하나님이 우리를 통치하듯 자녀를 통치한다는 믿음이 들어올 때, 주님이 하시는 것이 믿겨집니다. 그것보다 더 큰 안심은 없습니다. 건강이든 삶의 문제든! 주님께서 생각을 주시면 우리는 그 생각을 따라가면 됩니다.

에필로그

무관심과 방치. 그것과 믿음은 다릅니다. 믿음을 무관심과 방치로 오해하고 그렇게 느끼는 분들이 있습니다. 믿음을 몰라서 그렇습니다. 무관심하고 방치하면 어떻게 하나, 하는 마음은 그것을 믿는 것입니다. 믿음은 하나님을 믿는 것입니다. 방치하는 느낌보다 하나님을 믿는 것이 더 큰 것입니다. 그래서 십자가에서 죽는 것을 기도해야 합니다. 그래서 기도가 호흡입니다. 십자가에서 죽는 것은 날마다입니다. 방치가 안 됩니다. 자녀를 보면 애틋해집니다. 그래서 기도하는 것입니다. "사랑하는 내 딸이, 내 아들이 십자가에서 주님과 연합하기를 원합니다. 그리고 근심을 십자가 죽음에 넘겼으니 주님이 내 안에 계셔야 합니다." 그리고 주님이 하시는 것을 기다리는 것입니다. 낙타가 바늘귀에 들어가는 그 믿음이 옵니다. 그 순간이 오면 주님을 찾지 않을 수 없습니다. 그렇지 않으면 용을 써도 낙타가 바늘귀로 들어가지 못합니다. 40일 금식기도해도 안 됩니다. 주님이 우리 마음에 와 계시도록 기도해야 합니다. 시간 관리 잘하셔야 합니다. 매체에 시간 빼앗기는 것, 죄악입니다. 그럼 안 됩니다. 시간 낭비하지 마십시오. 주님 앞에 내 마음을 모으고, 십자가에서 죽는 사람이 되어서, 주님이 우리 안에 채워져서, 주님의 뜻을 따라가야 삽니다. 그럼 바빠집니다. 그 의미가 깊이 스며들어 한 걸음 한 걸음 믿음의 길을 걸어가기를 예수님의 이름으로 축복합니다.

시편 127:1-5
1 여호와께서 집을 세우지 아니하시면 세우는 자의 수고가 헛되며 여호와께서 성을 지키지 아니하시면 파수꾼의 깨어 있음이 헛되도다 2 너희가 일찍이 일어나고 늦게 누우며 수고의 떡을 먹음이 헛되도다 그러므로 여호와께서 그의 사랑하시는 자에게는 잠을 주시는도다 3 보라 자식들은 여호와의 기업이요 태의 열매는 그의 상급이로다 4 젊은 자의 자식은 장사의 수중의 화살 같으니 5 이것이 그의 화살통에 가득한 자는 복되도다 그들이 성문에서 그들의 원수와 담판할 때에 수치를 당하지 아니하리로다

14

십자가 생활화로
수고가 헛되지 않게 하라!

시편 127:1-5

살아가는 동안 우리는 수고를 합니다. 그런데 성경에서 말하는 수고와 우리가 생각하는 수고가 다릅니다. 그것을 보는 것이 1차적인 설교 목적입니다. 수고하는 상황이 있고, 목적이 있고, 결과가 있습니다. 목표를 두고 달려갈 때 왜 수고해야만 하는가! 수고의 결과가 왜 천차만별인가! 하나님께서 말씀하시는 수고에 대한 개념을 알아야 합니다. 하늘의 가치를 깨닫는 하나님의 사람은 수고의 진심을 원하게 됩니다. 수고는 어떻게 하는 것이고, 하늘의 역사가 실제로 어떻게 우리에게 임하는 것인지 알게 되어, 그것을 소원하게 되고 하나님을 더욱 갈급하게 될 것입니다.

여러분은 어느 곳에 수고를 하고 있습니까? 그동안 수고한 일에 대한 결과물이 선순환을 일으켜 또 수고하게 하고 또 기쁘게 하고 또 사랑하게 만들고 함께 더불어 가치 있는 삶을 살게 했습니까? 더불어 사는 것 같지만 알고 보면, 우리 수고의 결과는 대부분 욕심을 생산해 냅니다. 자기애, 자기 성취를 위해 더 많은 것을 할애하게 합니다. 수고는 우리가 살아가는 수단입니다. 그러나 하늘의 가치로 수고를 보면, 결과로서 수고가 있습니다. 수단과 과정이 아니라 결과로 수고가 있다는 것입니다. 즉, 저주의 결과로 수고가 나왔다는 말입니다.

> 하나님이 이르시되 우리의 형상을 따라 우리의 모양대로 우리가 사람을 만들고 그들로 바다의 물고기와 하늘의 새와 가축과 온 땅과 땅에 기는 모든 것을 다스리게 하자 하시고 **창세기 1:26**

다스린다는 것은 우리가 생각하는 수고의 개념이 아닙니다.

> 27 하나님이 자기 형상 곧 하나님의 형상대로 사람을 창조하시되 남자와 여자를 창조하시고 28 하나님이 그들에게 복을 주시며 하나님이 그들에게 이르시되 생육하고 번성하여 땅에 충만하라, 땅을 정복하라, 바다의 물고기와 하늘의 새와 땅에 움직이는 모든 생물을 다스리라 하시니라 **창세기 1:27-28**

이미 다스릴 것이 있었습니다. 온 세계에 충만했습니다. 함께 더불어 지낼 것이 온 세상에 가득했습니다.

> 29 하나님이 이르시되 내가 온 지면의 씨 맺는 모든 채소와 씨 가진 열매 맺는 모든 나무를 너희에게 주노니 너희의 먹을 거리가 되리라 30 또 땅의 모든 짐승과 하늘의 모든 새와 생명이 있어 땅에 기는 모든 것에게는 내가 모든 푸른 풀을 먹을 거리로 주노라 하시니 그대로 되니라
> 창세기 1:29-30

타락하기 전에는 모든 것이 갖추어져 있었고 인간은 그것을 기쁨으로 잘 관리하면 충분했습니다. 아름다운 잔치가 계속됐습니다. 그런데 타락한 뒤, 에덴에서 쫓겨난 뒤에는 달라집니다.

> 16 또 여자에게 이르시되 내가 네게 임신하는 고통을 크게 더하리니 네가 수고하고 자식을 낳을 것이며 너는 남편을 원하고 남편은 너를 다스릴 것이니라 하시고 17 아담에게 이르시되 네가 네 아내의 말을 듣고 내가 네게 먹지 말라 한 나무의 열매를 먹었은즉 땅은 너로 말미암아 저주를 받고 너는 네 평생에 수고하여야 그 소산을 먹으리라 창세기 3:16-17

성경에서 수고는 결과의 개념입니다. 저주 받아서 고통스

러운 결과가 수고입니다. 고통이 임하는 내용이 수고입니다. 이 '수고'는 히브리어로 '아말'입니다. '저주 받아 고통스러운 열심'입니다. 직역하면 '지긋지긋한 노력이 수반되는 열심'입니다. 수고는 저주받은 근거입니다. 고통스러운 산물입니다.

> 우리의 연수가 칠십이요 강건하면 팔십이라도 그 연수의 자랑은 수고와 슬픔뿐이요 신속히 가니 우리가 날아가나이다 **시편 90:10**

단순히 연륜을 의미하는 것이 아닙니다. 자랑스러운 나이 먹음은 무엇인가 성과가 있는 것입니다. 이룬 것이 있고 업적이 있고 자부심이 있는 것입니다. 그런데 성경은, 연수의 자랑이 수고와 슬픔뿐이라고 말합니다. 아무리 이 땅에서 성공한들 하나님의 관점에서 보면 저주받은 산물에 불과하다는 것입니다. 나병환자가 영적으로 무딘, 저주받은 사람들이라면, 그들이 사는 골짜기에서 성공한들, 업적을 남긴들, 그것은 나병환자 골짜기에서 일어난 일에 불과합니다.

> 2 전도자가 이르되 헛되고 헛되며 헛되고 헛되니 모든 것이 헛되도다 3 해 아래에서 수고하는 모든 수고가 사람에게 무엇이 유익한가
> **전도서 1:2-3**

해 아래에서 아무 유익함이 없다고 합니다. 이룬들, 된들, 가진들 무익하다는 것입니다. 나병환자 골짜기에서 된 것과 다르지 않다는 것입니다. 수고는 '아말', 저주 받아서 고통스럽게 열심을 내는 것입니다. 여러분이 살아오면서 수고하고 애쓴들 하나님의 관점에서 보면 헛되다는 것입니다. 그런데 하나님의 관점에서 수고하고 애쓰게 하는 일들이 있습니다. 이 땅에서 하나님의 마음을 흘려보내는 영광이 여러분들에게 임했으면 좋겠습니다.

> 여호와께서 집을 세우지 아니하시면 세우는 자의 수고가 헛되며 여호와께서 성을 지키지 아니하시면 파수꾼의 깨어 있음이 헛되도다
> **시편 127:1**

집을 세우려고 수고합니다. 성을 지키려고 수고합니다. 가문을 일으키고, 공동체를 일으키고, 한 나라와 민족을 융성시키는 것은 복된 것입니다. 그럼에도 그 수고가 하나님이 그렇게 만들어주지 않으신다면 헛되다고 말씀합니다. 가문이 일어서고 나라가 융성해져도 헛되다는 것입니다. 우리는 같은 실수를 반복합니다. 무언가 세운다는 것은 그전에 무너졌다는 것을 의미합니다. 우리나라가 무엇에 치중하고 무엇을 막아야 강성해질까 하는 것을 아는 것은 능력이고 통찰입니다. 강

력한 힘과 강력한 통솔력이 있어야 합니다. 어떤 자원이 있어야 하고, 합력하여 선을 이뤄야 합니다. 그냥 되는 것은 아닙니다. 그런데 그 큰 통찰에 우리가 속아 넘어갑니다. 여러분의 가정을 일으킬 만한 내용이 보일 때 똑같은 실수를 반복하면 안 됩니다. 에덴을 잊으면 안 됩니다. 하나님의 사람이 불순종으로 에덴에서 쫓겨났습니다. 쫓겨나 사니까 기쁠 수 없습니다. 기쁨의 에덴에서 쫓겨났기 때문입니다. 그래서 돌이켜야 합니다. 그러나 인간은 쫓겨난 뒤 하나님 보란 듯이 돈으로, 자녀로, 성공이나 이룸이나 자아실현으로 행복하려고 했습니다. 그것이 시편 127:1-2절에 똑같이 반복되고 있습니다. 집이 무너지고 성이 무너져서 다시 세우고 있습니다. 에덴에서 쫓겨나서 저지른 실수를 반복하고 있습니다. 우리는 하나님께로 돌아가야 합니다. 하나님 없이 행복하다는 것은 말이 안 된다고 자복하며 하나님께 돌아가야 하는데, 인간은 다시 스스로 세우려고 합니다. 너무나 많은 사람들이 똑같은 실수를 반복합니다. 목회도, 여러분의 가정도, 삶의 현장도 그렇습니다. 그것만 고치면 행복하고 잘 될 수 있다고 여깁니다. 자녀, 남편, 아내, 사업장을 볼 때도 그렇습니다. 이것만 세워지면 행복할 것이라고 생각합니다. 그러나 기억하십시오. 성경은 그것을 헛된 것이라고 말합니다.

오늘 말씀의 표제는 솔로몬의 시, 곧 성전에 올라갈 때 불렀던 시입니다. 성전을 통과하려면 번제단을 통과해야 합니다. 시편 127편은 번제단을 통과할 때 불렀던 찬송시입니다. 번제단에서 제물이 죽을 때 우리는 내가 죽은 것으로 여깁니다. 무엇이 죽은 것입니까? 주님 없이도 행복할 수 있다고 여겼던 것들입니다. 돈으로 행복하려고 지금도 애쓰고 있지 않습니까? 그런 애씀이 죽고 하나님만 남았다는 실제 됨이 어떻게 이루어질 수 있습니까?

솔로몬은 번제에 대해 누구보다 잘 알고 있었습니다. 20살에 왕이 된 솔로몬에게 얼마나 많은 조바심이 있었겠습니까? 사역자도 처음에는 굳센 다짐을 합니다. 하나님 바라보겠다고 다짐하며, 하나님의 능력으로 무언가 잘하려고 마음을 먹습니다. 그래서 시작할 때는 일을 잘합니다. 그런데 그렇게 일을 잘하는 이유는 하나님의 생각을 공급받았기 때문이 아니라 자기가 잘해서 자기의 가치를 증명하기 위해서입니다.

스무 살 청년이 왕이 되었다면 솔로몬의 마음은 어땠을까요? 솔로몬이 일천번제를 드렸습니다. 만약 하루 한 마리씩 제물을 잡았다면 3년을 제사 드린 셈입니다. 3년을 허비했다는 것은 말이 안 되는 일입니다. 솔로몬이 만일 3년간 제사를 드렸다면, 솔로몬은 국정을 다스릴 마음이 없었다는 이야기입니다. 매일 번제만 드리기도 버겁기 때문입니다. 제사는 하루종일 드려야 합니다. 제물에 흠이 있는지 살피고, 내장을 꺼내고 어떤 것은 말리고 어떤 것은 태웁니다. 성소에 들어가면 또 하나님의 생각을 들어야 합니다. 그래서 번제는 사실상 하루종일 걸립니다. 그렇다면 솔로몬이 왕이 됐을 때 왕의 일을 한 것이 아니라 하나님께만 치중한 것입니다. 저는 그 솔로몬을 닮고 싶다는 소원이 있습니다. 이런 소원이 깃들게 되면 불안할 수 있습니다. 제가 목회 현장을 3년간 떠나 있어도 괜찮을까요? 책상이 바뀔 것이고 교회는 엉망진창이 될 수도 있습니다. 그런데 솔로몬은 그렇게 했습니다. 왕이 되어 국가를 어떻게 다스리고 백성들의 고민을 어떻게 해결할까 하는 마음도 생겼을 것입니다. 여러분의 가정도 마찬가지입니다. 자녀가 어려도 그렇고, 다 커도 부모 마음에 들어오는 것은 같습니다. 솔로몬이 천 일 동안이 아니라 한 번에 천 마리를 잡았다고 해도 같은 의미입니다. 왜 일천번제를 드려야 했을까요? 솔로몬의 마음이 복잡했던 것 같습니다. 하나님이 하셔야 한다는 믿음이 있어도 염려가 들어왔을 것입니다. 그런데 만일 그 염려 때문에 무언가를 하면 헛된 것이라고 말씀합니다. 그래서 그것을 죽이기 위해, 그 염려를 죽이기 위해 번제를 드렸을 것입니다. 하나님이 하셔야 하는데, 자신에게 염려가 들어오고, 이것만

하면 될 것 같은데 그것을 하면 헛된 것이라는 믿음이 있어서 그것을 번제로 죽인 것입니다. 저도 하나님께서 하셔야 한다는 믿음이 있습니다. 그럼에도 저 표정을, 저 언어를, 저 이기심을, 저 믿음 없음을 어떻게 바꿀까 하는 염려가 끊임없이 들어옵니다. 무엇인가 해주면 될 것 같은데 그것을 하면 헛된 것이라고 하십니다. 그래서 십자가에서 죽는 것입니다. "하나님이 세우시지 않으시면 안 돼" 그런 믿음이 있다 하더라도 끊임없이 들어오는 염려를 죽이기 위해 천 일 동안 번제를 드린 것입니다.

예전에는 제가 무언가 한 번 잘못하면 죄의식의 고통이 너무 컸습니다. 목회가 너무 힘들었습니다. 하나의 믿음을 갖추기도 너무 어려웠습니다. 죄의식 하나 회복하는 것에도 너무 많은 에너지가 쓰였기 때문입니다. 그러나 지금은 자신이 생겼습니다. 솔로몬이 믿음이 있었지만 일천 번 죽었고, 사도바울이 날마다 죽는다고 고백한 것처럼, 나도 날마다 죽는 것이 정상이구나! "하나님, 제 마음에 어쩌면 그렇게 다른 것이 들어와서 저를 힘들게 하는지 모르겠어요" 그때마다 저는 죽습니다. 그런 은혜가 여러분의 삶에도 임하기를 예수님의 이름으로 축복합니다.

하나님께서는 우리들에게, 예수님처럼 사랑하라고 하십니다. 어떻게 예수님처럼 사랑할 수 있을까요? 가능합니까? 그런데 사실, 그것만큼 쉬운 것은 없습니다. 정말 주님을 만나고 보니까 그렇습니다. 그게 어렵다고 생각하는 이유는 지금까지 우리가 예수님을 몰랐기 때문입니다. 헛 믿었고, 예수님과 관계가 없었기 때문입니다. 예수님을 만나고 보니 예수님같이 사랑하는 것처럼 쉬운 것이 없습니다. 정말입니다. 우리는, 어떻게 그렇게 사랑할 수 있느냐고 말합니다. 노력해도 안 된다고 말합니다. 교회에서 성도에게 사역 한 번 시키려면 온갖 비위를 다 맞추어야 하고, 목사님들이 기도도 세게 해야 되지 않습니까?

요한복음(요 12:24, 13:34-35)말씀을 듣는데 제 마음에 하늘의 영광이 임했습니다. 예수님은 십자가를 통해서 우리를 사랑하십니다. 십자가를 통과하지 않은 사랑은 없습니다. 그런 사랑이 있다면 불법입니다. 의미가 없습니다. 십자가를 통과하지 않은 사랑은 자기 의가 남습니다. 자식을 사랑할 때, 그동안 얼마나 애썼습니까? 뼈가 다 상했습니다. 재정도 다 털렸습니다. 알고 보니 자녀가 괴물이었습니다.

예수님처럼 사랑하라는 말씀은 십자가에서 죽고 사랑하

라는 것입니다. 사랑을 먼저 이야기한 것이 아닙니다. 십자가에서 먼저 죽으라는 것입니다. 그리고 사랑하라는 것입니다. 십자가에서 죽는 것만큼 놀라운 은혜가 임하는 일이 어디 있습니까? 믿음의 관점에서 그것처럼 쉽고 명쾌하고 강력하고, 기쁘고 능력 있고 새 희망이 임하는 일이 어디 있습니까? 저에게는 너무나 쉽고 강력합니다. 십자가에서 죽고 나서 자식을 보면 달라집니다. 사랑이 됩니다. 여러분을 봐도 괜찮게 보입니다. 여러분 믿음의 크기가 천차만별인데도 그렇습니다. 너무나 신비합니다. 벌레 같은, 죄인 중에 괴수 같은 인생이기에 그렇습니다. 예전에는 견디려고 했으니 뼈가 상했습니다. 믿음이 약한 사람까지는 봐줍니다. 그런데 교우 중에 못된 사람이 있으면 사랑이 되지 않습니다. 그 사람을 스푼으로 떠내서 내보냈으면 좋겠다는 생각까지 들었습니다. 십자가에서 죽지 않아서 그렇습니다. 십자가에서 죽게 되면 떠내고 싶은 마음이 없어집니다. 마음이 동동거리고 옳고 그름에 민감한 이유는 사랑을 먼저 하려고 했기 때문이었습니다. 나의 힘으로 집과 성을 세우려고 했기 때문입니다. 불법입니다. 하나님의 힘으로 하지 않은 것이었고, 하나님의 말씀을 순종하지 않은 것이었습니다.

사랑한다는 것은 십자가에서 죽고 자녀를 바라보는 것입

니다. 십자가에서 죽고 사업하는 것입니다. 십자가에서 죽고 공동체에 있는 것입니다. 십자가에서 죽고 사역하는 것입니다. 십자가에서 죽고 목사님 바라보는 것입니다. 십자가에서 죽고 부부가 바라보는 것입니다. 십자가에서 내가 죽었기 때문에 하나님께서 세우시는 것이 무엇인지 주목하는 것입니다. 하나님이 세우신다는 것이 실제 된다는 것은 주님이 하셔야 한다는 믿음이 우리 안에서 역사하는 것입니다. 그 은혜가 깊이 임하기를 축복합니다. 이런 일이 있게 되면 어떤 놀라운 일이 일어날까요?

> 너희가 일찍이 일어나고 늦게 누우며 수고의 떡을 먹음이 헛되도다 그러므로 여호와께서 그의 사랑하시는 자에게는 잠을 주시는도다
> **시편 127:2**

잠을 주십니다. 머리를 대자마자 코 골고, 눕자마자 잠드는 것은 피곤해서도 그렇지만 건강이 안 좋다는 뜻입니다. 하나님께서 사랑하시면 잠을 주신다는 말씀을 보면, 잠이 선물입니다. 허망하게 생각되지 않습니까? 잠을 주신다는 말씀이 어떤 뜻일까요? '어른 말 잘 들으면 자다가도 떡이 생긴다'는 속담과 같은 말입니다. 졸지도 않으시고 주무시지도 않으시고 일하시는 하나님의 선물이 있다는 뜻입니다. 목사님 말

잘 들으면 자다가도 통닭 생긴다는 것을 토브원형학교 아이들은 압니다. 사역팀이 축하 노래 하나 해주면 좋은 일정이 생긴다는 것을 압니다. 남편이 아내 말 잘 들으면 자다가도 용돈이 올라갑니다. 하나님 말 잘 듣는다는 것은, 내가 죽었고 하나님만 보이는 것입니다. 주님께서 무언가 역사하신다는 것은 자다가도 떡이 생기는 일입니다. 사랑하는 자들에게 잠을 주신다는 뜻은 그런 뜻입니다. 일하시는 주님을 따라갑니다. 주님과 함께하는 영광 경험하기를 소원합니다. 그래서 우리의 열정과 바람이 아니라, 주님을 바란다고 소원하는 믿음의 소용돌이가 일어나기를 축복합니다. 떡이 어떤 내용인지 3절부터 5절까지 나옵니다.

> 3 보라 자식들은 여호와의 기업이요 태의 열매는 그의 상급이로다 4 젊은 자의 자식은 장사의 수중의 화살 같으니 5 이것이 그의 화살통에 가득한 자는 복되도다 그들이 성문에서 그들의 원수와 담판할 때에 수치를 당하지 아니하리로다 **시편 127:3-5**

자녀에 대해 생물학적 관점으로 축복하는 말씀이 아닙니다. 생물학적 관계로 형성된 자녀를 뜻하는 말씀이 아닙니다. 십자가에서 내가 죽었습니다. 염려가 들어올 때 죽고, 희망과 포부가 죽고, 하나님만 보이는 때 하나님께서 떡을 주십니다. 나에게 떡을 주십니다. 하나님께는 우리에게 주실 만한 떡이 있다는 뜻입니다. 그것이 우리를 향한 하나님의 계획과 뜻과 생각입니다. 하나님께서는 우리가 자는 중에도 떡이 생기게 하십니다.

나로부터만 생기는 대표적인 상징은 자녀입니다. 제 딸은 저희 부부로부터만 나옵니다. 사위는 나로부터는 나오지 않습니다. 피붙이는 나로부터만 나옵니다. 곧, 생물학적 관점의 자녀가 아니라, 나를 향한 하나님의 고유한 뜻이 따로 있다는 뜻입니다. 하나님의 고유한 계획이 있는데 주님이 세우시면 그것이 드러난다는 것입니다. 그것을 놓치지 말라는 것입니다.

하나님께서 주시고 싶은 것을 받는 믿음의 사람이 별로 없는 것 같습니다. 차선을 받든지, 아니면 차차선을 받든지, 아니 그것도 아니고 부스러기 정도를 받는 것 같습니다. 하나님께서 처음부터 우리에게 주시고 싶으신 하나님의 계획이 우리 삶에서 나타나는 것은, 저주의 산물인 수고가 만드는 것이 아니라, 하나님께서 우리를 세우실 때 드러나는 것입니다.

하나님께서는 우리를 통해서만 이루고 싶으신 것이 많으십니다. 여러분, 무엇이 이루어졌습니까? 하나님께서 나를 통해 이루고 싶으신 것이 있는데 과연 무엇이 이루어졌습니까? 그것이 이것입니다! 하고 말할 수 있는 그 증인됨이 곳곳에서 울려 퍼지기를 축복합니다. 그래서 먼저 수고를 하는 것이 아니라, 먼저 애를 쓰는 것이 아니라, 먼저 슬픔의 노력을 하는 것이 아니라, 우리 마음의 생각과 에너지를 주님께 올려드리고, 우리 마음으로는 안 되니까 일천번 죽어서라도, 그 십자가 죽음으로 말미암아 기어이 하나님의 세우심을 보고야 말겠다는 믿음을 쓰는 것입니다.

> 또 너희가 어찌 의복을 위하여 염려하느냐 들의 백합화가 어떻게 자라는가 생각하여 보라 수고도 아니하고 길쌈도 아니하느니라 **마태복음 6:28**

신약에 나오는 이 '수고'라는 단어도 헬라어로 보면 '코포스'입니다. '고통과 상처를 수반한 열심'입니다. 구약과 같은 뜻입니다. 세우시는 하나님의 손길을 경험하기 바란다고 기도하기 바랍니다.

> 이를 위하여 나도 내 속에서 능력으로 역사하시는 이의 역사를 따라 힘을 다하여 수고하노라 **골로새서 1:29**

내 안에서 역사하시는 이의 역사를 따라 힘을 다하여 수고한다고 하십니다. 예수님의 사랑, 능력, 손길을 따라 수고한다는 것입니다.

> 그러므로 내 사랑하는 형제들아 견실하며 흔들리지 말고 항상 주의 일에 더욱 힘쓰는 자들이 되라 이는 너희 수고가 주 안에서 헛되지 않은 줄 앎이라 **고린도전서 15:58**

하나님의 마음이 우리에게 들어오는 것은 신비입니다. 하나님의 마음이 들어오면, 실제 그것을 알 수 있는 증거가 있습니다. 그 수고가 증거입니다. "여러분, 사역을 할 때 힘들어요 안 힘들어요?" 보통은 힘들다고 말합니다. 어렵다고 합니다. 여러분이 생각하는 것 이상으로 저에게도 어려움이 많습니다. 심리적인 어려움, 영적인 어려움, 어려운 사람을 바라보는 어려움. 그런데 이 사역에 하나님의 마음이 들어오니 진심이 됩니다. 자기가 스스로 하나님의 사람인지 압니다. 하나님의 은혜를 받았는지 압니다. 사역이 진심이 되기 때문입니다. 유리창 하나를 닦아도 진심으로 합니다. 정말입니다. 교우들을 만날 때도 예전과 달라집니다. 일부 교우를 빼내고 싶은 마음이 없어지고, 하나님의 긍휼과 사랑이 임하기 원하는 진심이 힘든 일 속에서도 에너지를 빼앗기지 않고 오히려 힘이 보충되는 것을 경험합니다. 한 사람 한 사람에게 그런 은혜가 임해야 합니다. 우리는 그리스도의 몸이니, 예수와 함께 죽고, 번제단에서 날마다 죽어야 합니다. 주님의 세우심을 바라보는 하나님의 사람이라면, 이 진심이 전심이 되기까지 부분적으로 만나는 모든 사역과 삶 속에서 역사하시는 하나님을 경험할 줄 믿습니다. 여러분의 가족 가운데 누군가 잘못을 하면 마음이 어긋나지만 결국 용납합니다. 왜 잘못했냐고 가르칠 수는 있지만 떼어내려고 하지는 않습니다. 교회에 그 진심이 들어와야 합니다. 그리스도 안에 있다면 그 진심은 헛되지 않습니다. 함께 살고, 함께 기뻐하는 그 영광이 교회 가운데 가득하기를 예수님의 이름으로 축복합니다.

에필로그

우리는 살아갈 때, 수고를 수단으로 사용합니다. 성취하려고 수고를 사용합니다. 극복하고 막는 수단으로 사용합니다. 그 수고에 비례해 열매를 맺으면 성공이라 여기고, 그렇지 않으면 화를 냅니다. 그러나 성경은 수고는 수단이 아니라 타락의 결과였고 저주의 산물이라고 말합니다. 그렇다면 수고가 먼저가 아닙니다. 에덴에서 쫓겨난 실수를 반복하면 안 됩니다. 주님에게로 돌아가야 합니다. 십자가를 통하여! 일천번제 제사를 통하여! 주님께 돌아가 주님이 하심을 보고 기뻐하는 놀라운 은혜가 가득하기를 예수님의 이름으로 축복합니다.

이사야 40:1-5
1 너희의 하나님이 이르시되 너희는 위로하라 내 백성을 위로하라 2 너희는 예루살렘의 마음에 닿도록 말하며 그것에게 외치라 그 노역의 때가 끝났고 그 죄악이 사함을 받았느니라 그의 모든 죄로 말미암아 여호와의 손에서 벌을 배나 받았느니라 할지니라 하시니라 3 외치는 자의 소리여 이르되 너희는 광야에서 여호와의 길을 예비하라 사막에서 우리 하나님의 대로를 평탄하게 하라 4 골짜기마다 돋우어지며 산마다, 언덕마다 낮아지며 고르지 아니한 곳이 평탄하게 되며 험한 곳이 평지가 될 것이요 5 여호와의 영광이 나타나고 모든 육체가 그것을 함께 보리라 이는 여호와의 입이 말씀하셨느니라

15

십자가 생활화로
생의 갈증을 깨뜨린다!

이사야 40:1-5

살아가면서 느끼는 근본적인 갈증이 있습니다. 오늘 설교 목적은 인생의 근본적인 갈증의 문제를 풀게 하는 것입니다. 갈증이 해갈된 상태가 실제 되어야 하고, 그것을 구체적으로 진술할 수 있어야 합니다. 인생에서 갈증의 문제는 해결될 수 있습니다. 오늘 말씀을 통해, 왜 갈증이 해결되지 않았는지 볼 것이고, 어떤 상태가 갈증이 해결된 상태인지도 볼 것입니다. 자신을 보게 될 것입니다. 어떤 지점, 어떤 요소, 어떤 것 때문에 갈증을 느꼈는지 깨닫게 될 것이고 그때 십자가로 달려가게 될 것입니다. 말씀을 듣고 갈증의 문제가 풀려 하늘의 영광, 하늘의 기쁨, 하늘의 찬송, 하늘의 감사가 임하게 되기를 축복합니다.

'위로'라는 단어는 만만치 않은 말입니다. 아주 광범위한 이야기입니다. 하나님의 사람이 되었다면 위로의 사람이 된 것이라고 말해도 과언은 아닙니다. 위로한다고 하면 그 위로의 내용이 있습니다. 그 내용에 따라 하나님으로부터 부여받은 위로의 사람인지 아닌지 알게 됩니다.

하나님께 깊이 나아가고, 주님의 마음이 흘러 들어오고, 우리 생각이 주님의 마음으로 흘러가 조정되고 새롭게 될 때 하나님의 마음이 깊이 들어옵니다. 그럴수록 본래 사람, 원형으로 돌아갑니다. 새 사람이 됩니다. 어떤 것이 새 사람인지 선명하게 보게 됩니다. 그때 마음에 커다랗게 맺히는 열매가 애통함입니다. 원형이 회복될수록 애통함이 생깁니다. 주체적으로 생기는 애통함이 아니라 하나님과의 친밀한 관계로 말미암아 생기는 애통함입니다. 하늘의 기쁨이 엄습해 오면 우리 안에 애통함도 밀려옵니다. "너도 그렇게 살고, 우리도 그렇게 살아야 하는데! 저 사람도 이 하늘 기쁨을 맛보고 살아야 하는데" 하는 그 애통함을 가진 사람이 사랑으로 위로하게 됩니다. 위로는 우리의 선한 감정에서 나오는 것이 아니라 하나님과의 관계 속에서 원형이 회복됨으로 생기는 것입니다. 기쁨은 어떤 조건, 채움에서 오는 것이 아니라 하나님으로부터 임하는 것이었다는 것을 알게 되기 때문에 그 애통함이 사랑함으로 드러나고 그 사람은 주변을 위로하게 됩니다.

이사야 40장 말씀의 배경이 있습니다. 이사야 선지자는 히스기야 왕 때 활동했습니다. 남유다가 100년 후에 망하고 또 160년 후에 포로가 되었던 이스라엘 백성이 귀환합니다. 약 260년 뒤의 일들을 바라보며 예언한 것입니다. 하나님께서 백성들을 위로하라고 하십니다. 저는 이것이 너무 부럽습니다. 하나님과 관계가 얼마나 좋으면 하나님의 마음을 공동체에 이야기할 수 있을까, 그것도 위로의 말씀을! 그래서 깨끗해지고 거룩해지고 싶습니다. 그런 사람이 하나님을 보기 때문입니다. 만질 수도 없고 들을 수도 없는 하나님을 보지 못하는 이유는 환경 때문이 아니었습니다. 바로 나 때문이었습니다. 여러분도 동일하게 같은 소원을 품었으면 좋겠습니다. 우리가 깨끗하면 하나님을 볼 수 있습니다. 들으면서 자라는 믿음도 있지만, 하나님의 감흥과 생각이 임해서 시대를 위로하고 가정을 위로하고 공동체를 위로할 수 있다면 얼마나 멋지겠습니까! 근사한 사람이 이곳에 많아지면 이곳이 근사해지고, 이곳이 근사해지면 멋진 예수님의 모습이 보일 것이니 하늘 영광이 가득하게 될 것입니다.

260년 후의 일을 이야기하는데, 이스라엘 백성들에게 닥

칠 문제를 예상하고 있습니다. 오늘 말씀은 세 부분으로 나눌 수 있습니다. 이스라엘 백성이 100년 뒤에 망하고, 160년 동안 식민지 백성으로 삽니다. 백성들의 선민의식은 희미해졌습니다. 없는 믿음을 쥐어짜내며 살았습니다. 북이스라엘은 이미 망했고 남유다마저 망했습니다. 선민이라고 생각했던 이스라엘 백성의 상실감이 얼마나 컸겠습니까? 믿음에 대한 회의와 의심이 옵니다. 무엇 때문에 그런 회의가 생겼을까요? 망해서 그런 회의가 온 것입니까? 아니면 회의감 때문에 하나님의 섭리 가운데 망하게 된 것입니까?

우리도 우리 뜻대로, 자기 생각대로 믿음 생활하고 예배 드리고 경건 생활하면서 우리 것을 놓지 못합니다. 그것이 우리의 실존입니다. 주님을 바라보지만 붙잡고 있는 것이 있습니다. 하나님께서 고치시려고 마음먹으면 우리에게 어려움이 오기도 합니다. 남유다가 망했을 때 선민들에게는 회의감이 밀려왔습니다. 하나님은 창조주 하나님, 능력의 하나님이시고 우리는 선민인데, 어떻게 선민이 바벨론에게 질 수가 있지, 하는 회의를 갖습니다.

> 9 아름다운 소식을 시온에 전하는 자여 너는 높은 산에 오르라 아름다운 소식을 예루살렘에 전하는 자여 너는 힘써 소리를 높이라 두려워하지 말

고 소리를 높여 유다의 성읍들에게 이르기를 너희의 하나님을 보라 하라 10 보라 주 여호와께서 장차 강한 자로 임하실 것이요 친히 그의 팔로 다스리실 것이라 보라 상급이 그에게 있고 보응이 그의 앞에 있으며 11 그는 목자 같이 양 떼를 먹이시며 어린 양을 그 팔로 모아 품에 안으시며 젖 먹이는 암컷들을 온순히 인도하시리로다 **이사야 40:9-11**

12절부터는 하나님께서 당신을 자랑하시며 드러내십니다. 우주 만물을 주관하시는 하나님, 섭리하시는 하나님! 다 알고 계시는 하나님이십니다.

12 누가 손바닥으로 바닷물을 헤아렸으며 뼘으로 하늘을 쟀으며 땅의 티끌을 되에 담아 보았으며 접시 저울로 산들을, 막대 저울로 언덕들을 달아 보았으랴 13 누가 여호와의 영을 지도하였으며 그의 모사가 되어 그를 가르쳤으랴 14 그가 누구와 더불어 의논하셨으며 누가 그를 교훈하였으며 그에게 정의의 길로 가르쳤으며 지식을 가르쳤으며 통달의 도를 보여 주었느냐 15 보라 그에게는 열방이 통의 한 방울 물과 같고 저울의 작은 티끌 같으며 섬들은 떠오르는 먼지 같으리니 16 레바논은 땔감에도 부족하겠고 그 짐승들은 번제에도 부족할 것이라 17 그의 앞에는 모든 열방이 아무것도 아니라 그는 그들을 없는 것 같이, 빈 것 같이 여기시느니라 **이사야 40:12-17**

그런데 정작 이스라엘 백성은 망했습니다. 섭리하시는데 우리 민족에게는 섭리하지 않으시나? 그런 회의가 백성들에게 있었을 것입니다. 우리의 투정과 비슷합니다. 남들은 잘 되는데 왜 나에게만 인색하신 줄 모르겠다는 우리의 투정과 닮았습니다. 다른 사람 모두에게는 관심이 있으신 것 같은데 나에게는 관심이 없으신 것 같다는 내용입니다.

> 너희는 예루살렘의 마음에 닿도록 말하며 그것에게 외치라 그 노역의 때가 끝났고 그 죄악이 사함을 받았느니라 그의 모든 죄로 말미암아 여호와의 손에서 벌을 배나 받았느니라 할지니라 하시니라 **이사야 40:2**

하나님의 마음은 경청할 필요가 있습니다. 앞뒤 가리지 않고 하나님의 마음을 봤으면 좋겠습니다. 한 손에는 성경, 한 손에는 신문을 들고 하나님을 잘 알고 분별하고 믿어야 한다고 배웠지만 이제는 앞뒤 가리지 않고 하나님의 마음을 봤으면 좋겠습니다. 하나님을 알면 알수록 하나님은 다르십니다. 하나님은 본체이십니다. 하나님은 전부이십니다. 하나님과 관계가 열렸다면, 하나님을 '아만'하는! 두 팔이 모두 하나님께 매달려 있고 다리가 대롱거리는 그 아만! 그것이 의지하고 의뢰하는 것입니다. 그렇게 앞뒤 가리지 않고 하나님을 신뢰하는 믿음이 너무 부럽습니다. 하나님의 'ㅎ'자만 나와도 'ㅏ나님'

까지 믿어버리는 그런 마음이고 싶습니다. 앞뒤를 안 가리고 그만큼 신뢰하고 싶은 것입니다. 그만큼 하나님을 알고 싶은 것입니다. "하나님, 이 갈증 채워주세요, 이 마음에 오셔서 당신께서 부으신 사랑 경험하고 싶어요!" 이 간절함이 일어나기를 축복합니다.

 '예루살렘의 마음에 닿도록 말하며' 이것은 마음에게 직접 말하라는 것입니다. 마음에 닿도록 하나님께서 맡겨주신 말씀을 말하라는 것인데, 그전에는 말씀이 마음에 닿지 않았다는 뜻이기도 합니다. 하나님과 이스라엘 백성이 밀착되지 않았다는 뜻입니다. 필요한 말씀을 듣고 그 개요를 파악했을지는 모르지만, 하나님의 뜻, 정신, 사상, 생각, 의, 마음이 통으로 들리지 않았다는 것입니다. 마음에 닿도록 하나님께 미쳐야 합니다. 듣는 것 같지만, 알아 듣는 것 같지만 실제로는 아니라는 것입니다. 하나님의 마음이 우리 마음에 닿지 않으면 안 됩니다. 하나님께 미쳐야 합니다. 하나님께 이르러야 하나님께 미칩니다. 하나님께 마음이 가 있어야 하나님의 매력에 푹 빠져서 미칩니다. 마음이 가야 합니다. 마음이 밀착되지 않으면 마음에는 간격이 생깁니다. 그 상태에서는 갈증이 생깁니다. 인생의 갈증은 하나님과 밀착되지 않아서 생기는 것입니다. 왜 우리는 채워지지 않는 갈증이 있다고 말할까요? 마음이 하나님께 닿아 있지 않아서 그렇습니다. 마음은 하나님의 크기로 만들어졌습니다. 3차원에 있는 우리에게 4차원에 계신 하나님이 어떻게 계시하실까요? 4차원은 우리가 볼 수도 만질 수도 느낄 수도 없습니다. 그런데 이 시공간에서 어떻게 하나님을 느낍니까? 마음에서 느낍니다. 그래서 마음을 드리는 것입니다. 눈으로 하나님의 길을 기뻐해야 합니다. 마음은 하나님께서 거하시려고 만드신 것입니다. 마음에 하나님이 안 계시면 우리는 다른 것으로 마음을 채우려고 합니다.

우리에게는 기쁘게 여기는 일들이 있습니다. 20년 전 잘 나가던 건설회사 부사장이 입찰에 성공해 사업권을 따냈는데 그때 얼굴을 보니 천국의 얼굴이었습니다. 조 단위 이익을 회사에 안겨준 것입니다. 뉴스에도 나온 사람이었습니다. 우리에게는 그렇게 기쁘게 여기는 일이 있습니다. 결혼했을 때 좋았고, 병이 나았다, 학교에 합격했다, 성공했다, 인정받았다, 보너스를 30억 받았다! 좋은 일들이 생길 때 우리는 만족함을 느낍니다. 그러나 그 만족함은 또다른 갈증을 유발합니다. 돈, 돈 하면 돕니다. 로또에 당첨되어도 돈에 만족하지 않고 명품 사러 갑니다. 갈증은 항상 유발됩니다. 건강이 망가지면 항상 건강만 소원하게 됩니다. 건강만 해결되면, 하나님께 잘 할 것이라고 합니다. 그러나 막상 건강이 회복되면 다른 갈증이 생깁니다. 그러나 하나님 나라에는 갈증이 없습니다. 하나님 나라에는 건강에 대한 갈증 자체가 없고 돈에 대한 갈증이 없습니다. 세상에서 우리는 갈증을 채우느라 애쓰지만 하나님 나라에는 갈증 자체가 없습니다. 그 갈증을 풀어내는 역사가 오늘 말씀을 통해 일어나기를 축복합니다. 갈증 때문에 백성들이 하나님을 등지고 다른 것을 찾아갔습니다.

> 너희는 예루살렘의 마음에 닿도록 말하며 그것에게 외치라 그 노역의 때가 끝났고 그 죄악이 사함을 받았느니라 그의 모든 죄로 말미암아 여호와의 손에서 벌을 배나 받았느니라 할지니라 하시니라 **이사야 40:2**

하나님을 비켜간 것이 죄입니다. 하나님과 유착되지 않고 떨어져 있을 때 갈증이 생기는데, 하나님 아닌 다른 것을 욕구하게 된 것이 하마르티아, 죄입니다. 죄악이 사함 받았다는 뜻은, 마음이 하나님과 밀착되어 있어 마음에 다른 것에 대한 갈증이 없고 하나님을 욕구하게 된 것입니다. 이것이 위로입니다. 우리가 하는 위로의 내용은 무엇입니까? 삶의 자리에서 힘을 주고 격려해서 그 일을 잘하게 하는 것 아닙니까? 그러나 그것은 위로가 아닙니다. 하나님께서 말씀하시는 위로는 마음을 살피게 하는 것입니다. 마음이 어디에 가 있나, 마음이 어디에 가 있기에 끊임없이 갈증을 일으키는 삶을 살게 하나, 그것을 보고 하나님과 밀착하게 해서 하나님께서 그 갈증을 해결하게 하시는 실제를 보게 하는 것이 위로입니다. 그래서 말씀 안으로 들어와야 합니다. 하나님의 생각을 받아들이는 역사가 있어야 합니다.

> 불러 이르되 아버지 아브라함이여 나를 긍휼히 여기사 나사로를 보내어 그 손가락 끝에 물을 찍어 내 혀를 서늘하게 하소서 내가 이 불꽃 가운데서 괴로워하나이다 **누가복음 16:24**

부자와 거지가 나옵니다. 지옥의 갈증은 참혹한 갈증입니다. 지금 우리에게 갈증이 있다면 우리가 지옥과 그만큼 가까이 있다는 것입니다. 그것은 곧 사랑의 메시지이기도 합니다. 갈증을 느낄 때마다 하나님께서 하나님 당신으로 만족하라고 보여주시는 하나님의 사인으로 받아들이셔야 합니다. 갈증을 느낄 때마다, 단점이 보일 때마다, 지적하고 싶을 때마다 지옥에 살고 있다고 느끼면 틀림없습니다.

> 그뿐 아니라 너희와 우리 사이에 큰 구렁텅이가 놓여 있어 여기서 너희에게 건너가고자 하되 갈 수 없고 거기서 우리에게 건너올 수도 없게 하였느니라 **누가복음 16:26**

지옥에서는 갈증을 해결할 수 있는 길이 없습니다. 죄가 사해졌다는 것은 갈증이 끝났다는 것입니다. 그것이 위로입니다. 불신자는 그 갈증을 해결할 길이 없는데, 하나님의 위로가 임했을 때는 지금 느끼는 갈증은 아무 의미가 없다고 하십니다. 하나님을 통해서만 갈증이 해갈되니 하나님을 바라보라고 하십니다. 그것이 위로라는 것입니다. 그 위로가 여러분의 가정을 살립니다. 그럼 갈증의 내용을 실질적으로 어떻게 해결할 것인가? 그 내용이 3절에 있습니다.

> 외치는 자의 소리여 이르되 너희는 광야에서 여호와의 길을 예비하라 사막에서 우리 하나님의 대로를 평탄하게 하라 **이사야 40:3**

하나님의 길을 예비하라고 하십니다. 하나님의 대로가 따로 있습니다. 우리는 그동안 욕구해 온 것이 있습니다. 돈에 대한 불만족이 있으면 돈이 생겨야 만족합니다. 돈에 눈길을 주면 돈을 마음에 품게 됩니다. 돈이 마음에 들어오는 길이 생긴 것입니다. 돈을 마음에 품으면 돈이 들어오는 길이 1차적으로 열립니다. 하나님도 마찬가지입니다. 하나님과 소통하고 교통할 수 있는 길이 있습니다. 그리고 그 길을 예비하라고 합니다. 예비할 수 있는 곳은 광야와 사막입니다. 하나님의 길을 준비할 수 있고 하나님의 길을 평탄하게 할 수 있는 장소는 사막이고 광야라는 것입니다. 사막과 광야는 갈증이 가장 극심한 곳입니다. 갈증을 가장 많이 느끼지만 갈증을 채울 수 있는 다른 길이 없는 곳입니다. 채울 만한 여건이 허락되지 않는 곳입니다. 그런데 그때 하나님의 길이 비로소 보인다는 것입니다. 우리의 갈증을 채울 만한 요소가 십자가에서 죽었을 때 우리는 광야에서 주의 길을 준비하게 됩니다. 나의 갈증을 채울 만한 그놈이, 그 자식이, 그 남편이, 그 아내가, 그 돈이, 그 사회적 요소가 실제로 죽었을 때 광야가 되고 사막이 되는 것입니다. 그때 비로소 여호와의 길이 준비된다는 것입니다. '바벨론에 망하는 이유가 이것 때문이야, 바벨론에 기웃거리면 살 것 같고, 바벨론의 선진적 요소가 있으면 살 것 같고 부자 될 것 같은데, 아니야, 그 갈증을 채울 만한 요소가 죽지 않으면 망할 수밖에 없어, 너희들을 살리려면 망하게 해야 해. 망함으로 실제 채울 수 있는 길을 깨닫게 하려는 나의 경륜이고 섭리이고 계획이고 너희들에 대한 나의 관심이고 힘이야, 너희들의 그 조건이 깨졌을 때 내가 사랑하는 역사가 무엇인지 깊이 깨닫게 될 거야'

꼭 기억하셔야 합니다. 부모는 자녀를 통해 자기들의 갈증을 채우려고 합니다. 부모가 부모의 갈증 때문에 자녀들을 위하기 시작하면 자녀들 죽습니다. 사업이나 직장, 사업장에 갈증을 느껴서 무언가를 욕구하면 다 죽어갑니다. 하나님이 여러분을 사랑하신다면 어떤 수를 내실 것입니다. 여러분이 남편을 향해 욕구를 채우려고 하면 남편은 죽어갑니다. 여러분이 목사를 통해 여러분의 욕구를 채우려고 하면 저는 죽어갑니다. 눈을 들어 주님을 바라보는 역사가 있기를 축복합니다.

> 오직 여호와를 앙망하는 자는 새 힘을 얻으리니 독수리가 날개치며 올라감 같을 것이요 달음박질하여도 곤비하지 아니하겠고 걸어가도 피곤하지 아니하리로다 **이사야 40:31**

주님을 앙망해야 합니다. 오늘 이 말씀과 '시선'이라는 찬양의 가사가 똑같이 다가와서 울음을 참느라 혼났습니다. 여호와를 앙망하면 새 힘을 얻습니다. 하나님을 경험할수록 하나님의 놀라운 경륜과 섭리가 너무나 완벽하게 느껴집니다. 그것을 모르고 산 것이 너무 후회되니까, 하나님을 온전하게 신뢰하는 마음이 더욱 깊어집니다. 하나님께서 행하실 당신의 새 일이 기대되고 놀랍고 안심이 됩니다. 제가 하루에 2시간 40분 정도 기도하는데 어느 날 기도의 양이 줄어들면서 하나님께 감사했습니다. 그동안 해 온 기도의 내용은 대부분은 '몰라서, 불안해서, 염려가 되어서' 한 것입니다. 상달되는 기도가 아니라 하치장으로 가는 기도였습니다. 지금은 기도의 양이 줄었지만 깊이가 깊어졌습니다. 지금은 하나님께 마음 붙이기 위해서 기도합니다. 나를 아시는 하나님을 신뢰하고 내 마음을 하나님께 붙이기로 작정하고 기도합니다. "하나님, 염려와 걱정이 예상돼요, 하나님 채워주세요" 하고 기도했지만 알고 보니까 자신을 위해 기도한 것입니다. 이제는 하나님이 믿겨지기 시작했습니다. 그래서 하나님께 마음 붙이기 시작했습니다. 하나님을 바라보기 시작했습니다. 어떻게 앙망하고 어떻게 바라봅니까? 십자가에서 연합하는 길 외에는 없습니다.

예수님은 아버지 하나님께서 하신 것만 보고 따라갔습니다. 저는 그것을 닮고 싶습니다. 예수님께서는 그래서 다른 갈증이 없었습니다. 예수님은 가룟 유다가 팔 것을 미리 알고 계셨습니다. 그러나 팔리는 것에 대한 갈증이 없었습니다. 마음이 실제로 요동하지 않았습니다. 속지 않았습니다. 저는 예수님께서 하신 기도의 위력이 깨달아지기 시작했습니다. 그 마음 저에게도 달라고 하나님께 기도했습니다. 예수님께서는 그 사건을 보시고도 마음이 요동치지 않았습니다. 오히려 애통함을 느끼고 가룟 유다에게, "네가 차라리 태어나지 않았으면 좋았을 것"이라고 말씀하셨습니다. 갈증의 문제가 아닙니다. 예수님은 아버지 하나님과 마음이 밀착되어 있었습니다.

그 하나님의 마음이 오게 되면 시원해집니다. 하늘에서 든든한 '빽'이 내려옵니다. 다윗의 심장이 내려옵니다. 사도 바울도 예수님처럼 자랑쟁이입니다. 사도행전 26장에서 사도 바울이 유대인 아그립바 왕과 헬라인 베스도 총독 앞에서 변론합니다. 사도 바울이 잡혀와 왕과 총독 앞으로 끌려 나왔는데 사도 바울은 심문 당하면서도 예수님이 그리스도라는 것, 그리고 예수님이 십자가에서 죽었다는 것, 그 두 가지만 이야기합니다. 그러자 왕과 총독이 그 얕은 학문으로 자신을 개종시키려고 하느냐고 말하자 사도 바울은 자기가 심문당하는 것 말고는 다른 모든 것은 자신과 같이 되기를 원한다고 말합니다. 왕 앞에서 죄수가 당당하게, 심문 받는 것 외에는 나와 같이 되기를 원한다고 소리칩니다. 자기 자랑입니다. 말이 되는 이야기입니까? 사도 바울의 마음이 세상과 전혀 밀착되지 않았기 때문에, 세상에 전혀 갈증을 느끼지 못하는 상태였기에 할 수 있는 자랑입니다. 하나님과 밀착되어서 하나님의 아름다움에 빠져 있었습니다. 하늘 영광을 실제 보았기에, 총독에게 그렇게 이야기한 것입니다. "심문당하는 것 말고는 모든 것이 나와 같이 되기를 원하노라!" 여러분도 저를 닮아가기를 축복합니다. 갈증을 느낄 때마다 십자가로 달려가, 하늘의 영광이 임하는 역사가 무엇인지 깊이 깨닫기를 예수님의 이름으로 축복합니다.

에필로그

갈증이 일어날 때는 갈증이 부르는 대상이 있습니다. 그럴 때는 염려와 짜증이 납니다. 그런데 하나님을 욕구할 때는 웃습니다. 그 신비를 반드시 같이 경험해야 합니다. 다른 것에 대한 갈증을 느낄 때는 신경 쓰고 에너지 쓰고 조바심이 나지만 하나님을 바라보면 기쁨이 솟아납니다. 하나님을 욕구하면 표정이 달라집니다. 그래서 분별은 그냥 되는 것입니다. 하나님을 욕구하기를 축복합니다.

> 22 그러나 야곱아 너는 나를 부르지 아니하였고 이스라엘아 너는 나를 괴롭게 여겼으며 23 네 번제의 양을 내게로 가져오지 아니하였고 네 제물로 나를 공경하지 아니하였느니라 나는 제물로 말미암아 너를 수고롭게 하지 아니하였고 유향으로 말미암아 너를 괴롭게 하지 아니하였거늘 24 너는 나를 위하여 돈으로 향품을 사지 아니하며 희생의 기름으로 나를 흡족하게 하지 아니하고 네 죄짐으로 나를 수고롭게 하며 네 죄악으로 나를 괴롭게 하였느니라 **이사야 43:22-24**

이스라엘 백성들은 하나님을 찾았습니다. 제사를 드렸습니다. 그런데 제사 드린 적이 없다고 하나님께서 말씀하십니다. 왜 그러실까요? 3, 40대 엄마들이 모이면 학원 이야기합니다. 학원을 말하지만 사실은 자녀를 이야기하는 것입니다. 3,

40대 회사원들이 만나면 코인이나 주식 이야기를 합니다. 코인을 말하지만 돈을 이야기하는 것입니다. 주식을 부르지만 돈을 부르는 것입니다. 이스라엘 백성들이 하나님을 불렀지만 하나님을 부른 것이 아니라는 말입니다. 욕구를 채우려고 한 것이고 욕구를 부른 것입니다. 그것을 회개해야 합니다. 진정 하나님을 부르는 하나님의 사람이고 싶다고, 십자가로 달려가 주님과 연합하는 역사가 깊이 일어나기를 예수님의 이름으로 축복합니다.

생활화

글쓴이	이선세
펴낸이	이선세
편집	김동민 이선영 장내경
디자인	이현정
캘리그라피	유영춘

펴낸곳	토브원형출판사
발행일	2023. 6. 30.
등록번호	제 2019-000134호
주소	경기도 고양시 일산동구 고봉로 531번길 66-25
전화	031-975-0790
카페	http://cafe.daum.net/lookverygood
ISBN	979-11-967916-6-7(03230)
가격	16,000원

ⓒ 이선세, 2023
* 이 책은 토브원형출판사가 저작권자와의 계약에 따라 발행한 것이므로 본사의 허락 없이는 어떠한 형태나 수단으로도 이 책의 내용을 이용하지 못합니다.
* 잘못된 책은 바꿔드립니다.